JN409431

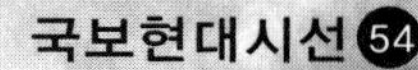

세종, 누리의 으뜸 –
세종경찰서 출범을 축하하며

햇살같은 경찰의 꿈

| 심은석 시집 |

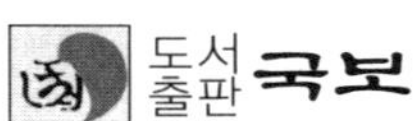

현직 경찰서장의 진솔한 삶의 이야기

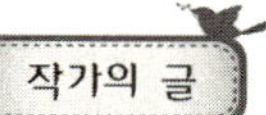

작가의 글

· 심은석 | '생명의 언어' 그 소중한 첫 시집을 열며

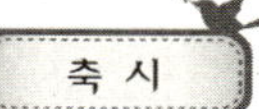

축 시

· 피기춘 | 치안의 종소리, 그 소망의 빛

격려의 글

· 충남지방경찰청장 정용선
· 충청남도교육감 김종성
· 시인 · 공주문화원장 나태주

축하의 글

· 시인 · 경찰대 명예교수 박경현
· 세종특별자치시장 유한식
· (전)경찰청 차장, 치안정감 박종준

‖ 작가의 글 ‖

'생명의 언어' 그 소중한 첫 시집을 열며

푸름이 짙어가는 성하(盛夏)의 계절에 나뭇잎 틈새로 눈부신 햇살이 못내 가슴을 저며 오게 한다. '세상의 으뜸' 이라는 뜻을 가진 세종 특별 자치시가 출범하면서 연기경찰도 한국경찰사에 또 하나의 획을 그으며, 세종경찰로 새로운 항해를 위한 닻을 올렸다.

스물다섯해전 경찰대학을 마치고 경찰에 입문하던 초심을 돌아보면서, 치안 현장에 전념하도록 힘을 주신 귀한 분들의 격려와 사랑을 늘 감사하면서 세종시의 치안책임자로서의 막중한 시대적 소임을 생각하면서, 청명한 아침 햇살 같은 새로운 꿈을 꾼다. '꿈 너머 꿈' 따뜻하고 밝고 헌신하는 햇살의 꿈을 밝은 미래의 한국경찰을 위한 시적 상상력으로 표현해 본다.

너무 부끄러워하면서 조심스럽게 따뜻한 감성적 언어로 분망한 삶의 시간대를 건너며, 꺼내지 못하던 시 몇 편을 세상에 보이도록 용기를 주신 임수홍 한국문학신문사 사장, 김근수 시인, 다문화 가정외국인을 위한 영시 게재를 도와준 이재화 군에게 감사를 드린다. 풀꽃 같은 힘을 주신 나태주 시인님, 삶의 전부인 경찰을 가르쳐 주신 박경현 모교 교수님과 박종준 선배님, 후배사랑 지극하신 정용선 충남경찰청장님, 고교 은사이신 김종성 충남 교육감님, 들풀

같이 편안하신 유한식 세종특별자치시장님, 시 해설을 달아주신 동료 경찰관 피기춘 시인, 작고하신 어머님과 투병중인 아버님, 사랑하는 아내, 그리고 오늘까지 사랑의 손길로 보듬어 주신 가족과 어르신께도 고마운 심정으로 감사드린다.

사람은 시심이 있어 누구든지 시인이라 한다. 여기 평범한 삶의 모습을 표현하는데 매우 부족함을 부끄러워 하면서도 '이 땅의 가장 완벽한 알파벳' 아름다운 모국어인 한글로 표현하는 차이가 있을 뿐 착한 인간 본성이 있음으로 누구든지 가슴 따뜻한 시인이라 한다. 노만 핀센트 필의 지적처럼 '시적 치유(healing)' 의 교시(敎示)처럼 나쁜 생각도 시를 읽으면 착해진다는 데 유치장에 강력팀 사무실에 지구대, 파출소에도 시집을 비치하여 나쁜 생각을 가진 분이 있다면 착한 시를 들려주련다. 항시 범죄와 사고를 벗하는 고단한 경찰관의 삶속에도 따뜻한 시어가 힘이 되었으면 한다.

여기 평이하고 쉬운 시어(詩語)에서 잠시 위안 받으시고 모든분이 시인되시기를 소망하며, 지금보다는 한발 더 디디며, 아직 살피지 못한 아픈 분들의 눈물을 닦아드리련다. 모든 소중한 분들의 길이 되는 생명의 풀꽃에 쏟아지는 밝은 햇살 같은 경찰의 꿈을 그렇게 날마다 꿈꾸고 싶다.

2012. 6. 29 아침에

심은석 識

‖ 축 시 ‖

치안의 종소리, 그 소망의 빛

-세종경찰서 출범을 축하하며-

피기춘
시인 · 시낭송가 (강릉경찰서)

민족의 정기, 그 역사 도도히 흐르는
언약의 물결 속에 오늘 우리는
미래의 중심도시에 세종경찰의
그 존엄한 도약을 위해 새문을 연다.
정겹고 소박한 시민에게 감동과 감격을
제공할 최고의 치안봉사를 위하여
무궁화 깃발 아래 초심의 자세로
푸른 희망의 종소리 힘차게 울리나니
세종의 치안이여 평온하고 영원하리라.

오늘 우리가 당당히 내딛는 첫발은
경찰청사에 길이 남아 무한봉사의
표징이 되고 꽃향기가 되리니
삶에 지치고 가슴에 상처 입은 자들이여
소외되어 영혼이 피곤한 벗들이여

주저치 말고 따뜻한 가슴, 가슴으로
우리 팔 벌려 노란손수건 흔들며
임들에게 따뜻한 사랑 전하리다.

겨레 앞에 치안의 첨병으로 부름 받은 우리.
언제나 정의롭고 올곧은 언행으로
선하고 의로운 이웃들의 얼굴에
항상 기쁨과 희망의 미소 넘치도록
지혜롭고 용맹스런 참수리의 날개 펼치리라.

삼백 예순 다섯 날 하루같이
국가의 안보와 치안질서를 위하여
불의와 불법, 의로운 손길로 다스리며
정녕, 역사와 후손에게 부끄럼 없는
깨끗한 유업 남기는 경찰이 되리니
웅비(雄飛)의 청사 앞에 겸허한 자세로
자유와 평화를 지켜갈 치안의 횃불
높이 들고 들꽃 같은 강인함으로
존경과 신뢰받는 경찰로 우뚝 서길 다짐하며
세종치안의 밝은 미래를 위하여
우리 다함께 목 놓아 축복의 노래 부르자.

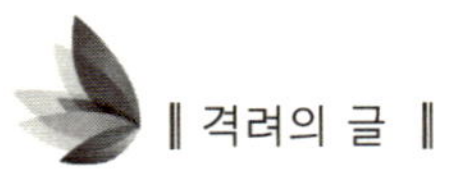

‖ 격려의 글 ‖

세종특별자치시의 출범과 함께 새롭게 시작하는 세종경찰이 더욱 발전하길…

전국 최고의 경찰이 되려는 세종경찰의 각오와 포부가 느껴진다.

질서 있고 안전한 세종시와 편안하고 행복한 시민을 위해 다양한 위험과 갈등의 현장에 서 있는 경찰!

부족한 경찰력이지만 주민과 함께 지혜를 모아 명품치안도시를 만들려는 세종경찰에 찬사를 보낸다.

이 시에는 고단한 경찰생활의 애환이 있고 낮은 곳에서 힘들게 사는 서민과 소외된 분들을 보듬는 따뜻한 싯구들이 마음에 와 닿는다.

앞으로도 감성이 넘치는 시심으로 이웃에 관심과 배려를 실천하는 가슴 따뜻한 시인 경찰관을 기대하면서 편안한 한편의 시를 읽으며 마음이 정화 되는 기쁨을 기대한다.

세종특별자치시의 출범과 함께 새롭게 시작하는 세종경찰이 시민들의 믿음과 사랑을 받으며 믿고 의지할 수 있는 경찰이 되기를 기대한다.

충남지방경찰청장 치안감 정용선

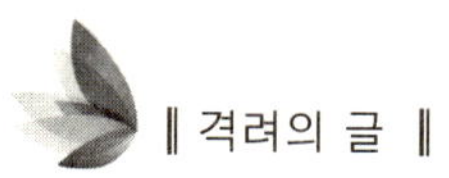

‖ 격려의 글 ‖

시인의 가슴으로 한송이 꽃으로 피어나길

고등학교 학창시절 심은석 군은 늘 모범생이었다고 기억한다. 학습에 몰입하던 자세와 진지한 태도가 다른 학생의 모범이었다. 훌륭한 제자를 둔 것이 오히려 자랑스럽다. 경찰의 공무에 바쁜 와중에서도 틈틈이 주옥같은 시편을 써서 세상에 내놓게 되니 기쁘기 한량없다.

세종경찰 출범을 축하하는 의미를 담은 심은석 시인의 『햇살같은 경찰의 꿈』출간을 축하한다.

일찍이 서정주 시인은 '국화 옆에서' 라는 詩에서 '한 송이 국화꽃을 피우기 위해 / 봄부터 소쩍새는 그렇게 울었나 보다' 라고 노래하였고, 김춘수 시인은 '꽃' 이라는 詩에서 '내가 그의 이름을 불러주었을 때 / 그는 나에게로 와서 / 꽃이 되었다' 고 노래한 것을 기억한다.

한 편의 시가 탄생하기까지는 국화꽃 한 송이를 피우기 위해 바람이 스쳐 지나가고 햇살이 머물다 가고 이슬이 초롱초롱 맺혀야 하는 길고 긴 기다림의 세월이 곱게 삭아야 한다. 시인은 이름 모를 풀꽃 한 송이에도 존재의 의미를 심어주기 위해 가슴앓이를 하는 사람이라 할 수 있다.

그리하여 만물은 시인의 가슴을 통해 새로운 의미를 부여받고 탄생하여 비로소 한 송이 꽃으로 다시 태어나게 되는 것이리라.

오늘 심은석 시인의 생활 주변에 진솔한 삶의 모습이 주옥같은 시편들을 보면 모든 것은 사람과 사람 사이의 관계나 사물에 대한 관심에서부터 시작됨을 알게 된다. 우리가 자칫 소홀히 하거나 지나쳐 버리기 쉬운 물상들이나 삶의 모습에도 시인의 예리한 눈길이 머물다 갔음을 알 수 있다.

수만리 북방에서
고향 찾은 철새는
어디로 갈 곳 몰라
사람들의 발자국 위로
그리고 마지막 안식처
간월암자 사이를
훠이 훠이 날고 있다.

'간월암' 부분

아무렇게나 핀 들꽃처럼
화장 한번 안하는 맨 낯에
펑퍼짐한 쫄티 바지도 잘 맞춰 입고
텅 빈 집구석 질박한 항아리를 좋아하던 여자

'아내' 부분

심은석은 시인이기에 앞서 우리 사회의 질서와 안녕을 유지하는 역할을 하는 경찰이다. 경찰서장이라는 막중한 직분에 있으면서 우리 사회 구석구석을 바라보는 그의 시각은 따사롭다.

인용한 시 '간월암'은 수만리 먼 곳에서 날아 철새들과 인간이 남긴 흔적인 발자국이 대비되면서 암자 사이를 날고 있는 목가적인 풍경을 그리면서 간결한 정신적 여백을 들여다보게 한다. '아내'는 질박한 항아리와 같은 아내를 섬세하게 들꽃으로 묘사하면서 항아리 속에 흠뻑 담긴 애정을 엿볼 수 있다.

세상에 이름 모를 풀꽃 한 송이에도 존재의 의미를 심어주기 위해 가슴앓이를 하는 사람이 시인이라면, 사람들이 편안한 곳에서 행복하게 살 수 있도록 하는 것이 경찰의 역할이다.

세종경찰의 리더로서 세상과 사람 그리고 물상에 대한 그의 애정이야말로 새롭게 시작하는 세종시의 밝은 장래를 엿볼 수 있게 한다. 문화와 예술이 뻐꾸기처럼 울어대는 세종시의 하늘아래 심은석의 애정 어린 시가 한가롭게 떠흐르기를 기원한다. 거듭 시집 출판을 심은석 시인의 고등학교 스승으로서, 한 사람의 독자로서 축하한다.

충청남도교육감 김종성

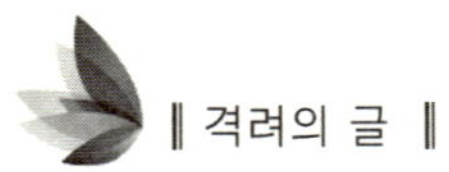
‖ 격려의 글 ‖

시인 경찰, 그 안쓰러운 눈매

한두 차례 만난 일이 있다. 그런데도 정작 만나자 해서 왜일까? 그랬다. 경찰서장이라는 직위 때문에 그랬을 것이다. 아직도 우리나라 사람들은 그 마음속에 경찰관을 두려워하는 마음이 있다. 일종의 경원(敬遠)의 마음이다. 그런데 정작 찾아온 분은 매우 말쑥하고 선량해 보이는 신사였다. 그러면서 들고 온 봉투를 내밀며 찾아온 사연을 밝혔다. 그 태도가 매우 공손하며 수줍기까지 하다. 전혀 경찰관 냄새가 나지 않는다.

시집 원고를 보았다. 시집 원고에서도 전혀 경찰관 냄새가 나지 않았다. 오히려 한 선량한 소시민의 눈초리가 들어 있고 평범한 생활인의 모습이 보였다. 물론 경찰 업무와 관련된 작품이 없지 않은 건 아니다. 그런데도 전혀 군림한다든가 억지 쓰는 그런 분위기가 없다. 놀랍다고 할까! 감사하다고 할까! 이 땅에 이런 경찰관이 있다는 것은 우리 모두의 축복이요 행운이다. 경찰에 대한 기존관념을 싹 씻고도 남음이 있다.

시는 어떤가? 많은 시편들 속에 선량한 한 남정네의 세상살기가 솔직담백하게 그려져 있다. 시를 쓰려면 본심이 부드럽고 선량해야 함은 물론 겸허해야만 한다. 이런 점에서 이 분의 시는 기본이 되어 있다. 이런 아름다운 눈초리로 세상을 바라볼 때 세상이 아름답지 않을 까닭이 없다. 눈물겹지 않을 수 없다. 어린 시절의 추억이 부형에 대한 추모의 마음으로, 주변 사람들이나 사물에 대한 관심이 안쓰러운 마음으로 잘 표출되어 있음을 본다.

병천 오일장에 가신 어머니, 시장에 가서 쟁기를 사 오신 아버지, 필리핀 새댁, 외국인 노동자, 서대전역 광장의 할머니 등은 평범하면서도 선하게 사는 우리들 이웃들이다. 그런가 하면 죽은 강아지나 새끼 낳는 송아지 또한 우리와 더불어 사는 이웃이나 마찬가지인 가축들이다. 이들에 대한 한없는 친애감과 격의 없는 관심은 그야말로 인류애 그것이다.

평소 나는 시인의 마음으로 최상의 것을 공자께서 말씀하신 인(仁), 바로 측은지심이라고 생각하는 사람이다. 그런데 이러한 측은지심이 심은석 시인의 시편들 속에 꽃피어 있다는 건 매우 반갑고 시인으로서의 미래가 기대되는 점이다.

첫 마음을 잃지 말고 시인으로서도 롱런하기 바란다. 심은석 시인. 그는 아직도 오일장인 병천장에 가신 어머니를 기다려 동구 밖에 서있는 눈망울 커다란 한 사람 소년이다. 이런 경찰관이 경찰서장이 되어 일하고 있는 이 나라가 복되지 않을 리가 없다.

시인의 영광이여. 대한민국의 광명이여. 오래 나부끼는 깃발로 높이높이 솟아 있거라. 그대를 보면서 우리도 편안한 마음으로 이 나라 한 사람씩 선량한 백성이 되고자 하노니.

시인 · 공주문화원장 나 태 주

‖ 축하의 글 ‖

늘 시심(詩心)을 품고 사는 사람

늘 시심(詩心)을 품고 사는 이는, 남이 못 보는 걸 보고, 남이 못 듣는 걸 듣고, 남이 하찮게 여기는 것에도 애정과 열정의 옷을 입힌다.

경찰의 기본자세는 눈을 크게 떠 국민의 생활을 구석구석 살피고 귀를 쫑긋하게 세워 국민의 목소리를 빠짐없이 들어, 법질서를 부드러우면서도 뜨겁게 지켜나가는게 아닐까 한다.

심 시인의 시집에는 경찰 리더로서 지녀야 할 '윤궐집중(允厥執中)' 의 정신이 배여 있는 듯하다. 어느 한편에 치우치지 않고 모든 이에게 관심을 기울이고 모든 것에 눈길을 보내고 있다. '광장 할멈, 시장 할매' 에서 '외국인 노동자, 필리핀 새댁', 심지어는 '지렁이' 까지 그의 관심은 널리 미치고 있다. 자연 풍광도 '경찰검문초소, 포장마차' 에서부터 '남매탑, 간월암' 등 명승지뿐 아니라 '신도시, 세종보' 등 곳곳에 시선을 보내고 있다.

또한 시집 도처에 도사리고 있는 '국민의 경찰' 임을 다짐하는 작품들은 같은 길을 걷고 있는 동료, 선후배들과 함께 낭송해 볼 만하다. 앞으로 새로운 소재와 참신한 안목으로 자기만의 시 세계를 열어나갔으면 한다. 심 서장처럼 시를 쓰는 경찰관이 많아질수록 조직의 문화가 더욱 품격을 갖추게 될 것이라고 생각한다.

시인 · 경찰대 명예교수 박경현

‖ 축하의 글 ‖

이 땅의 모든 경찰관에게 감사드리며

세종경찰서 심은석 서장의 첫 詩集 "햇살같은 경찰의 꿈" 출간을 12만 세종시민과 더불어 축하드립니다.

누구에게나 다양한 삶의 애기가 있지만, 그 것을 활자로 표현하여 세상밖에 내놓는다는 것은 매우 고된 작업이 아닐 수 없습니다. 더욱이 국민의 생명과 재산을 무한 책임으로 보호해야 하는 무관의 신분으로서 한 편의 시를 쓴다는 것이 결코 쉽지 않음에도, 말씀의 결실을 거두게 되심을 축하드립니다.

심은석 서장님은 평소 남다른 국가관과 사회관의 마음과 모습으로 광활한 대지와 같은 우리사회의 민생을 돌보시면서 내면에 꿈틀대는 진정한 가치관을 찾아 지키고 가꾸어 오셨고, 언제나 잔잔한 미소로 詩人의 노래를 부르셨습니다.

푸르게 무성해진 숲이 청량한 물소리 새소리 돌려주듯, 심은석 시인은 경찰공무원 및 서민들의 곤한 삶을 한 줄 두 줄 희망의 노래로 승화시켜 주셨습니다.

세종특별자치시 출범과 함께 세종경찰로 도약하는 역사의 한 페이지를 따뜻한 미소와 아름다운 노래로 채워주신 심은석 서장님과 희생과 봉사로 시민의 지팡이와 울타리가 되어 주신 이 땅의 모든 경찰공무원께 존경과 감사를 드립니다.

세종특별자치시장 유한식

‖ 축하의 글 ‖

햇살처럼 따뜻하고 공정한 경찰되길

심서장은 충남 공주가 고향인 동향 후배로 공주 사대부고와 경찰대학의 후배이기도 하다.

경찰생활에서 어려운 일이 있으면 물어 보거나 안부를 전해 오는 훌륭한 후배이며 성실한 경찰관으로 기억 한다. 그의 시는 마음을 잔잔하게 울리는 감동과 시를 읽고 쓰면서 고단한 경찰생활의 애환을 녹이는 삶의 태도가 대견하다. 어려운 이웃과 힘들게 사는 서민의 눈물을 닦아주는 경찰관이 되고자 하는 마음이 느껴진다.

아침에 금강을 따라 영롱히 밝아 오는 햇살처럼 이제 세종경찰로 새로운 출발과 햇살처럼 따뜻하고 공정한경찰, 밝고 희망찬 경찰을 염원 하는 자세에 찬사를 보낸다.

"햇살같은 경찰의 꿈"은 시 제목처럼 내가 경찰생활을 통해 염원 하였던 꿈이 아닌가 한다.

이십칠년간 파출소장부터 서장 수사부장 지방청장 경찰청 차장등 관리자의 보직을 많이 수행했는데 이 시집에는 치안현장의 생생한 목소리나 평소 내가 강조했던 경찰의 정체성과 경찰혼을 보는 것 같아 기쁘기만 하다.

심서장은 일상생활의 평범한 일상에서 시상을 떠올리고 상상하면서 물처럼 부드러운 시적 흐름을 보이고 있다.

문학을 체계적으로 공부 하지 않은 평범한 사회인, 경찰관으로서 이만큼 시어의 선택이나 이미지의 전개와 세상에 던지는 강렬한 메시지를 볼 때 앞으로 시인으로서도 발전할 수 있으리라 믿는다

험한 세상에서 경찰관이 감내해야 하는 수많은 어려움을 이기는 데는 시를 쓰고 읽는 여유로움을 통해 해법을 찾는 것도 의미가 있다고 생각한다. 낮은곳에서 어두운 곳에서 나보다 어려운 이웃에 아파하고 작은 것에도 정성을 다하는 공직자의 자세가 느껴져 대견하다.

아름다운 자연과 경찰관의 작은 관심과 배려에도 행복해 하는 이웃을 보면서 열두달 사계절을 두고 자연의 기운을 느끼고 온 누리에 넘치는 살아가는 기쁨을 앞으로도 시와 문학을 통해서 표현해 보기를, 그리고 경찰관 시인으로서, 훌륭한 경찰 지휘관으로서 성공하기를 기원한다.

또한 새로 시작하는 세종특별 자치시의 치안 책임자로서 막중한 사명감으로 안전하고 행복한 세종시 명품치안에도 더욱 노력하길 당부 한다.

(전) 경찰청 차장, 치안정감 박종준

| 1부 | 산골 수채화

| 2부 | 어느 경찰관의 기도

| 3부 | 궁남지의 연꽃

| 4부 | 산골 빈 집

| 5부 | 햇살 같은 경찰의 꿈

| 6부 | 번역시 모음 (다문화 가정을 위해)

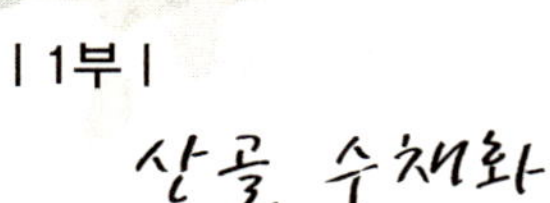

| 1부 |

산골 수채화

적막한 한낮을 깨우는 멀리서 개들이 짖어대는 곳
주인 없는 초가지붕위에 동그라니 익어가는 초롱박에
낮달을 가리던 뭉게구름이 어디론가 달리는 곳

이제 그곳에서 살고 싶다.

광장 할멈

서대전 광장이 열리면
새모이 가득 싣고
비둘기 친구 되는 할멈 있소

하얀 밤길
새벽 기다리며
한줄기 빛 따라 왔소

지네들 애비 죽고 과부소리
애들 바라 복 바친 오십년,
악착같이 벌어 모은 전 재산

대학 보내줘, 집사줘
이젠 키운 아이들 복채로 다 주었소

미국 사는 큰애 전화,
서울 둘째 다녀 간지,
부산 셋째 소식 끊긴 4년 되었소

어제,
동사무소, 박서기가
배달한 쌀 한포, 밀가루
그것이 달랑 한달 재산,
하지만 새벽마다 비둘기 모이는 아깝잖소

오늘도 광장에 서면

세월의 주름이
진물처럼 허연 머리,
구부린 허리위에
비둘기 떼는 수천,
가진 것 없는 광장할멈, 그리 많은 친구
가난하지만 복이 있소

작은 미물도
은혜는 넘치는데
메마른 우리네는
왜 그리 모질까요.

* 서대전 광장은 대전광역시 중구 문화동에 위치한 도시중심 공원입니다.

강과 바다가 만나서

금강과 서해가 만나는 금강 하구에는
밀물과 썰물이 하루에 두 번씩
너른 갈대밭을 담그고 버렸다 한다
물이 차면 수초(水草)처럼 물고기 낙원이고
물 빠지면 온갖 철새의 식탁이 되는데

바다고기는 태평양부터 서해길 따라 긴 여행 이야기를
물고기는 금강 천리 길 이야기 하느라
긴 여행에 지친 지느러미 부딪히며 팔딱 댄다
때로는 시베리아 찬 공기를 날아온 철새와
강남 더운 먼 바다에서 날아온 철새가
서로 만나 부리 조아리며
고단한 세상살이에 울어대기도 한다

해마다 철새와 물고기가 이곳에 오는 것은
먹이 때문이 아니라
우리 땅 금수강산이 지상에서 가장 아름답고
그중에서도 강과 바다가 부딪히는 금강 하구가
하늘 아래 낙원이기 때문이란다.

산골 수채화

산과 하늘만 보이는 빼곡한 솔잎 사이로
깨끗한 계곡물에 하마 얼굴 적시던 곳
보릿고개 삼년 나던 날
젊은이들 세간 살이 구루마에 얹어 도회지로 떠나고
허물어진 담벼락에 기대앉은 할멈, 할아범 뒤로
적막한 한낮을 깨우는 멀리서 개들이 짖어대는 곳
주인 없는 초가지붕위에 동그라니 익어가는 초롱박에
낮달을 가리던 뭉게구름이 어디론가 달리는 곳

이젠 그곳에서 살고 싶다.

외국인 노동자

쉼 없는 밀링 선반에
다른 피부색 이방인
손놀림이 바쁘다.

부서지던 공장도 잠든 밤,
옥탑 방 쪼그려 잠들기 전
담배 연기 마지막 자유로움이 포물선
새카만 하늘에 보낸다.

사람 하나 눠일 좁은 방안에
한 많은 사연이 연기로 꽉 차올라
창가에 맴돌다가
이역만리 그리는
가족 얼굴로 스민다.

그 옛날
이 땅의 젊은이들
서독 가서 석탄 막장에서 파묻힌 광부

소름 돋는 시체 닦아내던 간호사
열사의 땅, 사우디에서 목마르던 노동자

새벽을 하얗게 기다리는
이방인의 눈꺼풀에는
짜운 눈물이 시린 서리로 흘러 흘러내리고
인간의 존엄,
평등과 자유로움이
강물처럼 흐르기를
어제의 우리처럼,
오늘 그리고 내일에는
저들에게 소망한다.

* 국내 외국인 기능 인력 근로자는 2011년말 547,324명(불법체류자 51,795명 포함)

신도시

밀리는 차, 부딪치는 사람,
하늘을 찌르는 빌딩사이로
밤새워 네온 불빛 신도시,

본디 산등성이 실개천 흐르고
하이얀 메밀밭, 복사꽃 만발한 과수원
만나는 사람냄새 배꽃처럼 흐르던 곳,

방앗간 집 길동아, 감나무 집 희영아,
다 어디 갔느냐?
성냥갑 아파트 숲 사이로
낯선 여인네들
짙은 루즈에 말라빠진 웃음소리만 들리나?

하늘을 찌르는 빌딩 같은
땅값 보상 받아보니
이건 로또구나,
달마다 추녀 자락 돈다발 걸리고

밤마다 흥청대는 술집에
돈 세는 소리

오직 환락과 돈만이
물신(物神)된 오늘,
내 어린 날 친구들의 다정한 눈빛이
그립다.

누에의 추억

아내가 입혀 주는 부드러운 실크옷을 입을 때마다
옛 초가집 창호지를 밤새 사각대던 누에가 떠오르기도 하고
새벽안개 자욱한 산기슭에서 넓은 뽕잎을 따거나
보랏빛 오디로 아침밥을 대신하던 어린 날이 생각난다

좁쌀만한 알이 애벌레 되고
보름정도면 어른 손마디크기로 커서는
평생을 먹었던 뽕잎을 하얀 실로 게워 내어
달님 같은 하얀 집을 짓고 그 속에서 잠을 자는데
고치속의 성충은 무슨 꿈을 꾸는지 궁금했었다.

나비되어 훨훨 날아다니거나
달콤한 꽃순에서 꿀 먹는 꿈 깨기도 전에
실타래로 풀려서는 번데기 몸뚱이는 밥상위에서
고치는 비단실로
아낌없이 사람들에 다 주고 사라진다

초승달로 태어나 보름달로 자라다 스러지는
한 달 목숨인 달빛이 세상을 따뜻하게 비추듯이

누에는 딱 한 달 살면서도
예쁜 비단 만들어 사람들의 몸을 덮나니
이 세상에서 진정한 헌신(獻身)을 알고 있구나?
날마다 다른 모습으로 세상을 비추는 달빛처럼
신비한 마술을 온몸으로 보여주면서
사람과 더불어 사는 고마운 생명이 아닐까?

* 누에는 일생주기가 30~40일이며, 한번에 600개정도 알을 낳는데
누에고치 한개 실의 길이가 1500M 이다.

간월암

둥근달과 해송(海松)사이
생선비늘이 울고 있고
육백년 전 무학 대사
산천을 유람하다 머물렀고
날마다 천수만 일출(日出)이면
별보다 많은 어선 통 통 대는 곳

삼십년 전, 억만년 세월을 거스른
간월호 간척지, 현대 A · B 지구
이제는 다시 생태계를 바꾼
현란한 태안 기업도시 된 곳

수만리 북방에서
고향 찾은 철새는
어디로 갈 곳 몰라
사람들의 발자국위로.
그리고 마지막 안식처
간월암자 사이를
훠이 훠이 날고 있다.

* 간월암(間月庵)은 서산 간척지내에 있는 작은 섬의 암자이다.
A · B 지구 간척지로 개발 되어 현재는 육지와 연해 있다.

성공과 행복의 단상(短想)

사람들은 어디로 가는지 모르면서
달리는 군중 속에서 저마다 저기다 한다
돈, 명예, 권력을 가지면 성공이라 하기도 한다
성공은 원하여 잡는 것이고
이를 소유하면 행복하다며 성공하면 행복하단다
성공은 잠시 앉았다가 날아가는 나비라면서
꽃잎에 앉아 꿀을 먹고
바람 따라 흔들릴 수 있어
행복하다지만
삶의 끝 날까지 보이지 않는 성공을 위해
예쁜 꽃 봉우리 앉지 못하고
잠시 날개 짓 멈추면 떨어지는 나비처럼
바람 부나 비가 오나 자신만의 작은 세상에 갇혀
파닥대는 것은 아닌가
나비수명 한달
하루살이 하루
사람은 팔십년
영원한 우주의 한낱 먼지라는 사람들아.
다만 마음에 있는 것이 행복이고
내가 성공했다 생각하면 성공이라 하면 어떤가?

추억의 오일장

어릴 적에 엄니 따라 아우내 오일장에 가면
힘깨나 쓰던 삼남(三南) 장사치들
자리싸움에 한판 살풀이도 하고
아침 햇살 펄럭이는 적삼 입은 아줌마는
나막 신발 벗겨 질듯 엉거주춤하며
밀짚모자, 고무신, 낫, 칼, 만물상 기웃대는 사람들
구경하기도 하고
이리저리 능수버들 늘어진 포장마차에서
각 마을에서 물어온 소식 나누고
엿장수들 가위질에 각설이 타령에는 덩실대며 춤추었다

어느 햇살 가득 쏟아진 날
내가 아빠 되어 어린 아들 손잡고
지금도 팔딱대는 병천(柄川)으로 이름 바뀐 오일장에 가면
대한 독립 만세, 기미년의 함성이나
돌아가신 할머니와 같은 집안이던
류관순 열사 만세소리가 들리기도 하고
하얀 저고리를 입던 엄니들이 총 맞아 피 흘리던

그날의 절규가 내 귓불 때리기도 하는데
장에 가길 좋아 했던 엄니를 행여 따라가지 못하면
동구 밖에서 하루 종일 기다리던
내 어린 그날의 지루함을
문득, 아들 얼굴에서 본다.

나무의 사계(四季)

방금 태어난 아기처럼
나뭇가지위에 방긋 웃던 연초록빛 새순이
따뜻한 햇빛 쏟아지면 키재기 하듯 나뭇잎 곧게 세우고
천둥치며 몰려온 장대비에는 잎새 드리워 받쳐보기도 하고
가끔 사람들이 그늘로 모여들면 반갑다고 이파리 흔들면서
매미처럼 노래를 하기도 한다

어느새 가을이 오면
먼 여행 떠나려
고이 준비한 옷을 입어야 한다.

은행, 단감, 사과, 배 수많은 이름의 나무들은
고마우신 햇빛으로 만든 열매는 땅위에 다 내려놓고
마지막 눈물 마른 잎새들이
팔등신 미녀들의 패션쇼장에서 미리 보아둔
서로가 좋아하는 색깔 옷으로 갈아입는다

나무와의 사랑에 따라 먼저 떨어지기도 하고
늦게까지 붙어 있다 떨어지기도 하지만

태어났으면 죽어야 한다는 평범한 진리를 알기에
모든 잎들은 다 떨어져
산비탈에 뒹굴기도 하고,
어느 집의 불쏘시개가 되기도 하고
얼어붙은 땅을 덮는 이불이 되기도 하고
혹은, 흙과 썩어 뿌리 속에 숨기도 하는데
그것은 사람이 살다 죽어 하는 것과 같은 것이리라

단지 나무는 짧은 이별을 뒤로 하고
다시 찾아올 봄을 기다리는데
처음처럼, 봄, 여름, 가을, 겨울 그리고
아마 수 천년된 나무도 있으리라

가을 들녘 수채화

노란 벼이삭이 가득한 가을에
허수아비 홀로 들녘을 지키는데도
밤새 허기진 장끼 한 마리
이리저리 달음박질 한다

뜨거운 햇빛에 바닥보이던 저수지는
여름 장대비 한두 번에 살아남아서
쪽빛 바다보다 더 파란 하늘이 앉아
고추잠자리 날고 물방개 뛰어 논다

풍년 추수를 감사하는 농부는
붉은 노을 가득한 석양에 고개 숙이고
집집마다 햇쌀밥 익는 연기 피어오르며
어느새 가을은 어둠속으로 사라지고 있다

밤이 깊어 별들이 하늘가득 총총히 박혔는데
가을이 보고 싶다고 성질 급한 별들은
별똥별로 내려오기도 하고
새벽까지 잠 못 든 별들은
하얀 서리로 쏟아져
아침햇살에 스러지고 있다.

대둔산 산행 길에

산이 좋아 산에 간다는
한 무리 등산객이 오,요 외치는 소리에
위태로운 고목(枯木)을 지탱하던 돌무더기가
깊은 계곡에 떨어지고
되돌아 온 메아리에
단풍잎은 가을 속에 붉은 꽃비처럼 내리는데
화들짝 놀라 휘 달리는 산 다람쥐는
한입가득 도토리 물어 겨울 채비 하는구나

지리한 여름 폭우로 쌓인 나무 등걸 찌꺼기와
세상 사람들이 버린 쓰레기와 뒤 섞여진 웅덩이엔
어디선가 나타난 산 멧돼지 코를 벌름 거릴 때
산머리에 앉은 태고사(太古寺)에서 저녁 종 치는데
울려 퍼진 종소리에 화들짝 놀란 종달새는
절마루 휘감으며 날아간다.

사람과 날짐승이 산이 좋아 함께 그린
한폭의 가을 수채화
그 위로 길 잃은 산 그림자가
노을 속에서 천천히 내려온다.

저기 사랑하는 아내요

여기 내 사랑할 아내요

아무렇게나 핀 들꽃처럼
화장 한번 안하는 맨 낯에
이십 년 된 쫄티 바지나 입지만
시골집 질박한 항아리를 좋아하던 여자

모르면 모른다며 배시시 솔직하고
작은 것에 만족하고
투박한 것도 곱다하고
자기보다 이웃을 배려하고
남의 행복에 신나하며
한곳을 같이 바라보면서
보면 볼수록 그저 좋은 여자

비가 오면 빗길을 눈이 오면 눈길을
고단해도 내색 없이 따라와 줄 여자
낮에는 햇빛 되고 밤에는 달빛 되며

때로는 눈물이 되고 때로는 그늘이 되고
비오는 날 기꺼이 우산이 되는 여자
하지만 비온 후 햇살보다 더 빛나는 여자,

저기 내 사랑하는 아내요.

아내가 열살 때 쓴 시(詩)

유종진

언젠가 달빛이 창가에 가득한 밤
여보, 시집 낸다는 소식 들었는데
시 제목은 "달빛, 세상을 비추다" 로 하면 어떨까?
달빛처럼 은은하고 세상 구석구석 어두운 밤을
따뜻하게 비추는 달빛이
당신이 꿈꾸는 경찰이라면서,
한번도 내가 시 쓴다는 말을 안 했기에
어떻게 알았냐고 물으니
당신은 나에 대해 모르는 것이 너무 많단다
날마다 한 이불 덮는 부부로 살면서
이다지도 가슴 저며 밤새 홀로 뒤척였는데
아내가 열 살 때 써 본
달걀이라는 시라며 말해 주어
들은 대로 외워 버렸네
"하얀 벽속에 감춰진 노란 황금,
만지면 터질 것 같은 노란황금
문을 꼭꼭 닫고 무슨 생각 하나
아마도 바깥세상 고운 꿈 꾸겠지"

삼 십 몇 년이 지났는데도, 저리 고운 시심(詩心) 있었을까?
당신은 나를 너무 몰라, 가슴을 저미는 말
하고 싶은 그 많은 말들을 그 세월동안 어찌 참았는지,
사람은 누구나 시인이라 하지만
퍼붓고 싶었던 삶의 응어리를 수십 년간 가슴속에 묻었던
내가 너무나 모르던 여기 사랑할 아내요.

* 열살 때 교내 백일장에서 동시 수상시라며 말해주었는데,
현재 대전서부경찰서(경위) 근무중임.

영리한 강아지

산과 들에 물 폭탄처럼
아우성치는 빗속에서
마당 한 켠 고추 말이, 콩말이
비 맞으면 안 된다고 달려가는데
벌써 비를 피해 치워져 있네

강아지 앙증맞은 이빨로
가마니 옆구리를 물어 당기며
못 알아듣는 언어로 낑낑거리는데
먹는 곡식이라 젖으면 안 된다네

어찌 이런 일이 있냐며
풋 강아지 가슴에 안을 때
사람 살린 강아지 이야기 떠올려
네가 사람보다 곱절은 낫다 한다네.

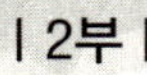

어느 경찰관의 기도

흉포한 범죄와 처절한 사고로 목숨을 잃은
동료의 고귀한 영혼이
처음처럼 영원까지 살아 있도록
우리를 보살펴 주소서

신년축시 한편

새날에는 힘차게 달리자

아득한 날에
선조님들 간절한 소원 돌탑으로 쌓여
여기 보문산성 이루고

저 멀리 산야를 덮은
안개구름에 질주하는 황소떼가
지축을 깨우는
힘찬 새 아침!

반도의 허리를 감싸 안은
계룡의 숨결모여 비단 강가에
비바람 찬 서리
육십사년 성상을 지켜온
충남경찰청

앞선이 걸음마다 뒤 따르며
영겁의 세월동안 쌓아온

육십사개 돌탑 앞에서
오천여 충남경찰인
두손 모아 기원합니다

자! 이제 기축년 새날이 오면
가장 낮은 곳에서
가장 어두운 곳에서
가장 추운 곳에서
천둥 같은 폭풍우, 거친 눈보라에도
따뜻한 가슴을 갖게 하소서

아! 저기 춤을 추는 새날이 오면
불타는 태양을 가슴에 안고
아득하게 드넓은 산야를 질러
영광과 명예
신명나는 편안한 세상!
당신을 주인으로 섬기는 사명을
완수하게 하소서

와! 눈부신 일출로 새 날이 오면
"법질서가 바로선 충남, 안전 속에 편안한 도민"
자유와 인권이 넘실대는 사회
당신의 팔 다리를 활짝 펼치고

동녘 끝 여명을 네 다리로 하여
이글거리는 광명 향해
힘차게 달려가게 하소서

충남경찰! 여기선 모든 분들
그 소중한 약속
그 간절한 소망
이루게 하소서

기축년(2009) 새해 새아침, 대전 보문산에 올라서
저자는 1988년 천안 2610 전투경찰대를 시작으로
약 19년간 충남경찰청에서 근무하였음

행복한 가족

오월이
눈부신 햇살보다 아름다운 것은
계절의 여왕이라 불리기 보다
가족의 달이라 하기 때문이지요

파란 하늘아래 푸른 초원위에
산다는 것이 행복하고
고단한 세상에 마음껏 웃을 수 있는 것도
사랑하는 가족에서 시작하지요

나무 같은 아버지와 잎새같은 어머니
줄기 같은 동생들이 한 그루 울창한 나무되었나니
산들바람 불면 두둥실 춤추고
비오는 날에는 서로를 감싸 앉고 눈물 흘리고
햇살이 비치면 젖은 몸 보듬어 말리고
눈 오는 날에는 행여 삭쟁이 떨어질라 부둥켜 앉고
봄, 여름, 가을, 겨울 꽃피우고 열매 맺고 살점 나누나니

사는 것이 행복한 것은
생명이라도 기꺼이 줄 수 있는 가족이 있기 때문이지요.

포장마차에서

비오는 날 저녁에
한잔 딱 두잔 소주가 생각나는 것은
오랜 친구가 보고 싶기 때문이다

집 모퉁이 골목길
빗방울이 떨어지는 포장마차에는
그저 오다가다 스친 사람들이지만
은쟁반에 가지런히 누운 수육처럼
나무탁자에 가슴응어릴랑 차곡차곡 쌓아 놓고
흔들리는 백열등처럼 떠들어 댄다.

때로는 거친 사내들의 술친구인 주인 아지매는
보쌈말이처럼 걸쭉한 육담은
오뎅 국물에 잠시 담가 놓고
사는 게 이리 힘들까 저리 아프다고
술이란 남자에게 친구 아니면 웬수라는 둥
남자 잘못 만나 이 고생 한다는 둥
누구네 집은 어떻고 이사 온 집 얘기며
하루 종일 고단함을 쏟아내는데

사람들은 술보다
주인 아지매 얘기를 더 좋아 한단다

오늘도 빛바랜 골목길 포장마차엔
사람네 욕지기 가득하고
서로가 다시 만날 날 정하지 않아도
어느새 비 그쳐 하늘에 구름 걷히고
꽉 찬 달빛이 환하게 비추고 있다.

무주 스키장에서

덕유산 향적봉의 한겨울에는
물결치는 사람들이 하얀 이불 덮고
천육백, 천이백, 팔백
번지점프 같은 케이블카에
어른이나 아이나 키 재기 하는데

눈보라가 휘 날리는
산 정상에 노을이 걸리면
은빛 설원에 낮달이 다시 나와
이곳이 하늘에 떠 있는
달나라, 그 세상이구나.

사람이 그립다

외로움을 견디는 것이 힘들다며
저녁노을 비추는 산마루에서
어스름이 밀려올 때까지
같이 있어도 사무치던 사람이 그립다.

먼 훗날, 내 나이 육십에
다시 노년(老年)의 삶을 준비하는 날
스멀대는 호수에서 물안개를
살포시 걷어내 줄 사람이 그립다.

아침 햇살은
아기 얼굴처럼 찬란하고
석양 노을은
노인 머리칼처럼 시리지만
어두운 밤에 뜨는 달빛은
그리운 사람처럼 따뜻하다.

경찰 검문초소에서

해 그림자 드리워진 평원에
둥지를 찾는 새들처럼 떼 지은 차량들이
지친 날개 짓을 한번 씩 쉬어갈 때
속 태워 품어내는 매연을 마시며
헤매는 젊은이에 호루라기로
싸움질로 고단한 아이들에 발광 지시봉으로
새벽이슬에 젖은 이웃에 등대 같은 서치로
아무도 살피지 못한 차 트렁크에서
썩은 생선 냄새를 맡는 사람들이 있다

여름날 천둥을 동반한 폭풍우
한겨울 폭설이 내린 언 땅에서도
짙은 안개 가득하여 길 없는 길위에서도
그리운 엄니가 지켜준다 믿는다.

먼 날,
노도 같은 신라 말발굽 이곳으로 내 달릴 때
두려움 모르던 계백의 혼(魂)은 범하지 못했으니

오늘 그 길목에서 충절의 사명감으로
범죄의 흔적 있는 차량을 세운다

황산벌!
죽어서 천년을 넘어 다시 살아난 오천결사대의
그 벅찬 함성이 이곳에는 들리는 듯하다.

*충남 논산시 연산(과거 황산벌)에 소재한 검문초소

남매탑(男妹塔)

한반도 심장에 우뚝 선
계룡산 삼불봉 자락에
언제 부턴가 망부석이
나란히 서 있다.

내 조국 강토 허리를 감싸 안은
민족의 영산(靈山) 싱싱한 가슴팍 안에
앞선 사람이 넘어지면 뒤 온 이 또 쌓으며
같이 있어도 사무치는
순백(純白)의 전설이란다.

탑신(塔身)밑에 타오르는 향촛불은
천둥 같은 폭풍우, 거친 눈보라에도
어두운 곳을 환하게 추운 곳을 따뜻하게
중생(衆生)의 고해(苦海)를 비춰주고
날마다 산 손님 바라보며
아기보살 부처님에 헌신공양하네

동강난 반도(半島)처럼 이지러진 푸른 이끼에
맺힌 이슬은 서러운 민족의 눈물로 내리는데
고단한 민초(民草)들은
오뉘 탑 번갈아 돌고 돌아
늬 네들 언제쯤 하나 되려니
늬 네들 쌓은 임(任)은 극락 가셨겠지

이루지 못한 그리운 설화(說話)여

두 남매가 한 가지에서 나왔으니
두 몸뚱이는 본래 하나였듯이
한 민족이 하나 될 때까지
저 높은 하늘아래 하나뿐인 태양을 보며
꿋꿋하게 서있을 것이다.

* 남매탑은 공주 계룡산 중턱에 있는 탑이다.

그리운 엄니

밤 새워 만든 하얀 꼬마연이,
산 넘어 세상에 대한 꿈을 싣고
드넓은 산야(山野)에 걸려있네

빙글 빙글 날아올랐다가
한 눈파는 사이, 어어라
어구구, 떨어질라,
봉그르, 낚아 채이네

그날,
먼 동네에서
우리 동네 천렵 온 꼬마 아이들과
논배미 얼음위에 파란 하늘 싣고
자치기, 어쿠 쳐라
뺑이놀이 빙글빙글 돌아라

해가 중천(中天)이면
썰매타기 지쳐가고
갈라진 물 덤벙에 빠져

얼어버린 나일론 양말일랑 매운 모닥불위에
군고구마와 뒤범벅이며
호호, 깔깔 거렸네

이 십리 읍내길 오일장에
늘 방 한 칸
같이 잠든 내 머리를 가로질러
먼 동쪽으로 길 떠나신 울 엄니
눈깔사탕, 뻥튀기, 꺼먹 고무신 사오시겠지

이제나 저어기
엄니 하얀 망둥 저고리 보일라
남색치마 너울대며 재 넘으실 때
아이들 재잘거림이
저기다, 달림질 되네

이젠,
흩어진 어린 날은
빛바래 수채화로 가슴에 남아있고
날마다 꿈속에서
꾸부러진 내 엄니 허연 베적삼이
장바구니 봇짐에 나풀거리면
하이얀 달님, 싯누런 별님이 수놓아

검지 못해 하얀 밤을
아이처럼 지채고, 보채며
딱 한번이라도
사무치는 울 엄닐
시퍼런 꿈속에서라도
만나고 싶다.

※ 작년 이 맘 때 작고하신 어머님을 기리며

시험장에서

인고(刃苦)의 세월아.
광명(光明)의 세상으로 간다.
칼날 같은 새벽일랑 가슴에 담고
이제 온전한 혼자 우는 새

산다는 것은 선택하는 것,
텅 빈 그림자와
마지막 피를 토해내는 몸부림으로
가야할 길을 찾아 가리니

아득한 교회첨탑 종소리에
가슴 설레던 동심은 없고
영겁을 향하는 초침 소리에
심장도 째깍거리고

아련히 삼삼해지는
멀리 동구 밖 모퉁이에서
하나 둘 돌탑 쌓는 내 아내 하얀 손마다
영롱한 눈물방울 펄럭이는 베적삼 적셔 흐르고

다섯 손가락 힘껏 깨물어
빨갛게 그린 아리 아리 오선지(五線紙)위로
이젠 날아보자 어디 메 푸른 하늘 비둘기처럼
끝없는 기다림,
그 종착역에는
당신을 닮은 하나이신 메시아가 보내주신
찬란한 햇빛에, 따스한 평안.

※ 매년 1월 전국 경찰 승진 수험생에게

계 양 벌, 내 추억의 경찰기동대

우리는
해 그림자 드리워지면
기동대가 위치한 경산 평원에
둥지를 찾는 새처럼
세상과의 거친 싸움에 지친
날개 짓을 멈춘다.

민주를 묻는 젊은이와 살기 어렵다는 근로자와
이유 없는 싸움질로 고단한 사람, 그 모든분에게
친구가 되기도 하고 아버지가 되기도 하고
가끔은 밤새워 아우성치는 이웃에게는
새벽까지 불 지펴 한기를 녹이며
따뜻한 눈물을 흘려주기도 했다

천둥을 동반한 거센 비바람이 불어와
가릴 것 없는 낮은 벌판 한가운데서
장대비 흘러들어 누런 황토물에 첨범대는 연병장에도
비 그치고 무지갯빛 밝은 햇살로 내리면
동료들은 솜처럼 젖은 진압복을 말리면서

내일 다시 데모현장에서 부닥칠
쇠파이프와 화염병을 두려워하기도 하였다

아주 먼 날,
세상이 온통 따뜻한 날에는
그 기쁜 젊은 날
노을 가득한 계양평원에서 고향을 향해
간절히 기도하던
그 날의 벅찬 함성이 들린다.

계양벌 !
세찬 비바람을 묵묵히 막으며
시대의 아픔을 한 몸으로 감당했던 경찰 기동대
그곳에서 만났던
동지(同志)들이 보고 싶다.

* 계양벌은 경산시 소재 영남대 앞에 위치한
경북경찰청 경찰기동대 연병장으로 90년초 근무했던 곳임.

어느 여자 경찰의 독백

신이여, 나는
남자 아닌 여자
아빠 아닌 엄마
남편 아닌 아내
경찰 아닌 여경
출산의 기쁨에도 고통 받았고
육아의 보람에도 외로웠고
거친 범죄 제압에도 위험에 쉽게 노출 되고
동료로부터의 찬사를 받으면서도 질시 받으며
내가 할 수 있다 하여도 잘 믿어 주지 않고
고단한 삶에서 혼신을 다하건만 영예와 존경은 쉽지 않아
이제 모든 설움은 안으로 용서하리니
세상의 반은 여자라는 지극히 평범한 진리로
작은 존중을 주소서
신이여, 여자 경찰은
국가와 사회와 이웃과 가정 모두에게 헌신하며
낮은 곳에서 세상을 밝히는 사람들
엄마로써 따뜻하고
여성으로 부드럽고

경청(敬聽)으로 마음을 얻고
억울한 마음을 녹이는 밝은 미소가 있지만
늘 능력주신 신께 감사하고
무한한 사랑주는 가족에게 감사하는

어느 여자 경찰의 독백

어느 경찰관의 독백

어머님
내가 어두운 밤에 두렵지 않고
다른 사람이 가지 않는 곳에 갈 수 있는 용기와
이웃을 지키는 강한 육체와
모든 분들을 진정으로 섬기는 마음과
내 소명 다하는 희생을 실천하여 아픈 이웃의 편안한 친구로
나를 필요로 하는 사람에게 안심과 행복 주시고
항상 국민들이 믿고 의지하는 경찰 되게 하소서

어느 경찰관의 기도

하나님!
봉사와 질서, 안전한 나라, 행복한 국민
하늘이 주신 신성한 소명을 늘 생각하여
두려움을 이길 강한 힘을 주소서,

가려하지 않는 곳에 갈 수 있는 용기와
춥고 낮은 곳에서 평생을 다하는 희생으로
폭풍우 눈보라에도 환하게 비추는 등대 되어
고요한 아침을 맞게 하소서,

불의와 폭력을 제압하는 정의를
갈등과 분쟁을 잠재우는 지혜를
아픔과 눈물을 닦아주는 사랑으로
창의와 열정을 충만히 채우게 하소서,

성급하고 편협 되게 판단하지 말고
모든 사람의 주장을 참을성 있게 들으며
나를 신뢰하는 이웃에게 든든한 믿음 주어
온 누리에 푸르른 민중의 지팡이 되게 하소서,

매일 밤 마지막 시간에 가족의 품으로 돌아와
새벽 첫 동이 터오기 전 집을 나서는
일생동안 부지런히 일하다 삶을 마치면
남아있는 사랑하는 내 가족을 지켜주소서,

흉포한 범죄와 처절한 사고로 목숨을 잃은
동료의 고귀한 영혼이
처음처럼 영원까지 살아 있도록
우리를 보살펴 주소서

둥글게 살기위한 생각

산이라고 다 높지 않고
부자라고 다 행복하지 않고
나 잘한다고 다 잘하지 않고
나 하나쯤 이라도 다 하나쯤이고
가끔 편 가르기에도 이편저편 아닌 양편을 다 아우르고
동서남북 그 어디도 아닌 가운데여서
세계대전에도 안전 했던 스위스처럼
누구나 좋아하고 모두를 아우르는 곳에서 살자.
날마다 바라보던 거울이 두 쪽으로 깨져도
사람은 깨지지 않고 다시 온전한 사람인 것은
사물처럼 자리가 정해지지 않고
생각하며 살기 때문 아닐까.

흐르는 강물 속에도
돌무더기가 흔들리지 않는 것은
무겁고 둥글기 때문인 것처럼
흔들리는 세상에서 무겁고 둥글게 살자.

모난 돌이 정(釘)맞는다.

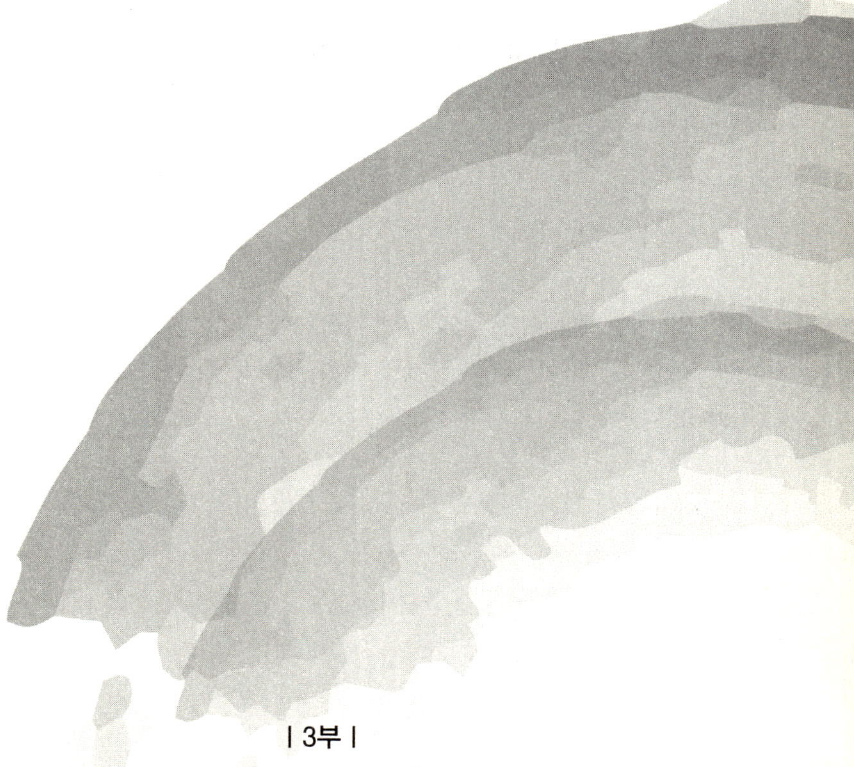

| 3부 |

궁남지의 연꽃

부소산에서
동쪽 끝 오리 어간에
백마강 물동이 퍼 담은 궁남지에는
연꽃의 색채가
모네가 그렸다는 '수련' 빛깔 보다
더 곱다.

엄니, 장에 같이 갈래

엄니는 내일 장에 가신다

계란한줄 만들려 닭장에 들락 거리셨다.
지난 가을 도리깨질한 참깨와 햇빛 고운 고춧가루
한보따리 짊어 지셨다.

새벽에 쪄 놓은
감자 한 소쿠리, 숭늉 한 사발
내 잠든 머리맡에 놓고
이십 리 길 떠나신다.

나는 잠든척하며
할아버지께서 만들어 주신
썰매 메고 뒷집 길동이와 종일 놀 생각뿐
눈깔사탕 사오실 저녁때나 동구 밖에 가야지

계절이 피고 지는 사십년 지나서
아들 앞세우고 장에 가길 좋아하던

엄니 마음 알면서도
놀려고 잠든체한
그때가 생각날 때마다

지금 어디에 계실까?
하늘나라에도 장이 서나요?

일원짜리 한 닢도 아끼시는데
털신 사줘, 사탕 사줘, 칭얼거린 것
잘못했어요, 다음 오일장엔 꼭 같이 갈래요.

지금도 흐릿한 새벽잠에서
엄니의 흰 저고리가 나풀거리면
체면 생각하라는 아내의 투정 들으면서도
오일장에 끼웃거리고 이것저것 만져보며
엄니의 흔적을 찾는 버릇이 생겼다.

후지산을 다녀와서

태평양 바람을 온몸으로 받으며
일본열도 심장에 서 있는데
멀리 아소산 유황 연기와
여름에도 녹지 않는 만년설로 지붕을 하여
지수화풍(地水火風)의 큰 기운이 느껴진다.

수 억년동안
바람이 만든 전설이 깃든
산마루 신사(神社) 솟을 대문을 지나
거친 해풍에 몸 가누기 힘든 등산 하면서
무섭도록 거대한 자연의 힘을 생각했다

일본에서 돌아온 어느 날,
센다이 동쪽 거친 해일이 있었다는 뉴스를 들으면서
일본을 지킨다는 거대한 후지산이
독도 억지, 반성없는 역사 왜곡
손으로 하늘을 가리는 일본인에게
크게 화가 나서 시작된 것은 아닌지

* 후지산은 일본 동경 옆 시즈오카현에 있고 3,776m 높이에
분화구직경이 780m이다.

벌초 하던 날

할아버지 때부터 전해오던 올망산
이름 없는 무덤에는
언제부턴가
실개천 사이 골프장 들어서더니
낯선 사람들
한해 한번 잡풀을 뽑고 있다.

아름 드리 나무 사이
잡초만 무성히 허물었지만
자기 조상님 무덤이라고
골프장 만들어 져
이제는 수백만 원 받아내는
애물단지 되었다 한다.

수백 년 동안 연고 없던 무덤에는
공장 짓네, 리조트네, 골프장이네
어디서 이름 없던 후손들이 달려오는데
좁고 좁은 땅 얄팍한 관혼상제
오직 물신(物神)처럼
혼백(魂魄)이여, 산자의 입을 막아다오.

강아지, 나의 자화상

오랜 친구가 어느 날
아기 같은 강아지
한 마리 안와 왔는데
어미는 새끼 잃어
밤새 낑낑거렸다 하는데
나는 강보에 쌓인 강아지를
온 기쁨이던 첫 아기처럼 돌보았다.

강아지가 외로워서 부뚜막에 앉고
가끔 자동차 불빛에 달려드는 것은 기다림 때문이고
꼬리치며 안기는 것은 정에 주린 때문이란다.

해 뜨면 달 지고, 때론 낮달 떠난 어느 밤
온종일 외로움에 지친 강아지는
내차 불빛에 불나방처럼 달려들어
그렇게 깔려 죽었다.

뒷동산에 하얀 무명천을 깔아
소나무 아래에 묻힌 강아지가
오래도록 잠 못 드는 밤마다
툇마루 달빛 아래
두 다리 죽 펴고 드러누워 있었다.

속리산(俗離山)에 오르다

속세를 떠나려 거든,
속리산에 가서
세상살이 고통을 배낭에 가득 메고
법주사 법당 앞에 꿇어앉아 보아라

속세를 떠나려 거든,
찬 서리가 몰아치던 늦가을
잔설이 녹지 않은 이른 봄에도
푸름이 짙은 한 여름에도
붉게 물든 단풍아래서도
한 번도 가보지 못한
연옥과 축생사이를 상상하면서
속리산에 올라 보아라

속세를 떠나려거든,
산 같은 바위아래 두 손 모아 합장하듯
앞선 이 밀고 뒤 오는 이 당기며
무섭도록 가파른 문장대에

발판 없이 매달린 돌계단을
흔들리며 올라 보아라

속세를 떠나려 거든,
먼저 고단한 산행으로 성불(成佛)해 보거라
산은 산이고 물은 물이라는 고승(高僧)의 말씀처럼
사람은 사람이고 또 자연의 일부이니
아름다운 산행이 곧 수행(修行) 아닌가.

쌍사자 석등(石燈)

충절의 고장
민족의 삶을 지켜준
속리산 법주사
금강문지나 한마당에
암수사자가
지들 몸 열배보다 커다란
돌 향로를 이고 있다.

즈믄 세월
비가 오면 빗물을 담고
눈이 오면 눈물을 담고
찬 서리가 몰아치면
매운바람을 담았다

아침에는 문장대가 걸린
산 그림자를 담았고
저녁이면 중생들이 넘나드는
일주문의 긴 그림자를 담았다.

반만년 역사의 질곡과
외침(外侵)에 분연히 일어났던 기개와
고단한 삶의 아우성과
질펀한 보은 장터 노래 가락이 담겨
한번도 무겁다고 하지 않았다.

더불어
암사자는 거친 날숨 헐떡이고
숫사자는 갈기 세워 담대하여
사람이 세상에 나와 살다 죽고
다시 환생한다는
이러 저러한 구전(口傳)과 민담(民啖)을 만들며
이 땅의 선조들에게
희망과 웃음을 주었다.

그리고
하늘과 땅, 빛과 그림자, 해와 달
온갖 생명들이 만드는
가슴 저미는 이야기를
할멈, 할아범이 아범과 어멈에게
다시금 손자, 손녀 그리고 증손자에게 들려주듯이
석등의 쌍사자가
찾아온 중생에 말하기를,

어느 향 피는 날
거칠고 척박한 세상을 박차고 지상에 나와
낮은 곳에서 어두운 곳에서
아름다운 세상을 보지 못한
천년을 눌려온 민초들에게
포효(咆哮)한단다.

오늘도
암 · 수 사자가 지키는
법주사 대웅전에는
고단한 사람들을 위로하는 목탁소리
그 뒤 산등자락을 감싼 바위틈에서
물소리 새소리와 늙은 소나무를 스치는 바람소리는
세상살이 고통을 재우고 있다.

* 쌍사자 석등은 국보 5호로 충북 보은군 법주사에 있는데 암수 사자가 향로를 받치는 모양이다.

겨울 산사(山寺)

늙은 솔 한그루
이고 등진 눈발에
잔가지는 부러져 흔들리는
큰 바위 아래 절간에는
산 그림자 아직 누었는데
훠이 훠이 매운바람이
허물어진 공양칸 아궁이를
휘도는 누런 연기되어
눈송이와 흩날린다.

아기동자 홀로
아궁이 그을음 사이로
군불 지피는 늙은 보살의
흐릿한 손놀림을 바라보다가
문창지 매운바람 윗목에 기대
저 혼자 꽈리 틀고
어디선가 호유, 호유 소쩍새와
친구되는 꿈꾼다.

알 수 없는 기다림에 지친 사람들은
징징대던 울음 멈추고
하나 둘, 안개 자욱한 길 따라
터벅터벅 내려갈 때
흐느적대는 늙은 중은
얼음장에 한 물동이 이고
힘겹게 올라간다.

고단한 사람들아?

산골 마을 휘도는 노승의 목탁은
본시 없다하고
모든 것이 헛디다 하고
네가 부처라 하듯
겨울 산사를 지키는
아기동자는 봄을 맞을 것이고
그리고 다시 여름이 오고
가을, 그리고 겨울이라고 탁탁거린다.

술 익는 밤

어스름한 저녁
오랜 친구가 그리우면
가슴의 응어리는 각진 수육으로
둥근 쟁반에 안주삼아
수만리 동유럽에서 자란 까만 보리와
북쪽에서 불어온 눈보라를 응고시킨
흑맥주를 마신다.

그런 사치가
부끄러운 밤에는
지친 사람들 시큼한 욕지기 토해내고
술에 취해 쓰러지는 포장마차에서
걸쭉한 아줌마 입담이라도
안주 삼는다.

먼동을 기다리다
재만 남은 밤에는
혼자서 외로움을 견디는 것보다
눈물로 가득한 술을 마시며
이 밤이 지나면
술잔가득 눈물방울에
별이 떨어지고 하얀 서리가 내려
달콤한 술 익는 꿈꾸고 싶다.

오누이가 오뉘탑에서

계룡산 칠백고지 상원암앞에
영겁의 세월을 살아온 석탑 둘이서
눈이 오면 눈을 맞고
비가 오면 비를 맞고
가끔 내리는 이슬로 공양(供養)하면서
나란히 서 있는데
전해오는 설화(說話)에는
상원스님 은공 갚는다고
호랑이가 물어 주었다는 처녀와
스님의 이루지 못한 사랑을 위해
뒤에 오는 사람들이
한 돌, 두 돌 쌓아 오뉘탑 이란다

산 그림자가 길게 드리운 날
산 좋아하는 엄마 따라
머리에 들꽃 꽂은 오누이가
어른 흉내 내며 탑을 도는데

엄마, 이게 탑돌이야
엄마, 우리도 서 있음 탑이야
가끔 엄마처럼 두 손 모아 절을 하는데
그 간절함이 불심(佛心)이 되었는지
삼불봉자락에 걸린 햇살이 밝은 노을로
남매탑위에 사뿐히 내려앉네

세종 교통경찰의 기도

안전한 도시, 행복한 시민
국가와 국민을 위한
하늘이 주신 신성한 소명을 어깨에 메고

날마다 두려움을 이길 용기로
긴 밤 어두움을 희생으로 밝게 비추는
고요한 아침을 맞게 하소서

매연과 소음으로 가득한 도심 한복판에서
너의 하얀 옷 검어질 때까지
교통사고와 무질서를 잠재우는
정의와 양심이 되게 하소서

매일 밤 마지막 시간에 가족의 품으로 돌아와
새벽 첫 동에 집을 나서는
오직 건강과 근면함이
세종 교통경찰 모두에게
늘 함께 하소서

아버지의 쟁기

내가 세상에 첫 선을 보인 날
아버지는
오일장 대장간에서 쟁기를 사셨다.

늙은 조선소나무
한 그루가
쟁기에 끼어져
워이, 워이
두정 마지기 온갖 논질에는
쟁기가 있었다.

일곱 내리,
송아지의 뒷발굽을 채이더니
어느 날
시골집 귀퉁이에
싱싱하던 푸르름엔
붉은 녹을 덧칠하고 있었다.

닦고 문지르고
긴 시간의 노동으로
쟁기는 어느 골동품점에서
새로운 주인을 기다리고 있다.

궁남지의 연꽃

사람들이
따가운 햇살에
색채가 다른 우산 아래에
햇빛에 비친 연꽃을 본다

어떤 아줌마는
손등을 오무려 부처님을 만들고
할머니 한분은
봉우릴 흔들어 태생의 뿌리를 찾는다.

부소산에서
동쪽 끝 오리 어간에
백마강 물동이 퍼 담은 궁남지에는
연꽃의 색채가
모네가 그렸다는 '수련' 빛깔 보다
더 곱다.

가장 더러운 물에서
가장 빛나는

연꽃 피는것은
찬란한 대백제 꿈이피고
고단한 사람들 꿈이 피도록
부처님의 미소아닌가?

그리고
다음 생(生)을 비는
우리네 중생의 발원이리라.

* 궁남지는 사적 135호로 부여에 위치한 백제 별궁 연못임

곰배령을 넘으며

나무가 외로워
눈물을 흘리신다.
실개울도 외로워
세찬 폭포가 된다.

산의 정상에는
들꽃의 절정
여름의 중턱을 넘나드는
태백 준령의 한가운데
천상의 화원(花園)

그 전설을 아느냐
외로워 떨군
나그네의 넋을 아느냐
나무가 외로워
다시 눈물을 흘리신다.
그리고 실개천 흐르고
폭포가 된다

봄, 여름, 가을 , 겨울

* 곰배령은 강원 인제의 방태산에 위치한 10km 구간 고개임

송아지 낳던 날

온 동네 밝히던 날
송아지가 세상에 나온 날
바로 오늘이라
그 집의 기쁨이라
온 마을의 잔치라 한다.

그 집 대문옆엔 외양간이
그날 밤이 깊어가며
암소의 울음이 구슬퍼.
송아지 세상 나오는 것을
동네 사람들은 안다

울음소리는 새벽까지 계속 되었고
아침에는 아궁이 물 데워
여물통 들락이면
그 집 어멈의 진물이
아침 햇살에 반짝인다.

사람과 같이
앞배에 안고

시름단지 열 달
우리 집 세 살배기 암소는
이 땅에 첫 아기 송아지
내려놓는다.

한 때는
사람보다 더 *귀한 송아지
세상에 나오던 날
새벽햇살은 더 밝았고
어스름 새벽안개는 더 짙었고
그 집의 굴뚝 연기는 더 높았다.

온 동네가 숨죽이며 보고 있었다.
새 생명의 기쁨을

*30년 전에는 송아지 한 마리에 축산장려금 10만원을 주었고
사람은 인구억제 정책으로 산아제한을 했다.

| 4부 |

산골 빈 집

올망졸망 산들이 합창하는
골짜기사이엔 실개천 흐르고
하늘 향한 언덕배기
천년동안 살아오던
유서 깊은 마을

로또복권 사던 날

그날은 아침부터 이상하다.

어제 꿈속에서
좋은 징조를 만났다
어디서 몰려온 산돼지들이
울안에 배설물을 칠하더니
축축한 볏짚에 깜짝 놀라
새벽부터 편의점 로또를
한 묶음 올인.

자 한방 일등이면 인생역전(人生逆轉)이라

일주일 기(氣)를 모아
로또 추첨 날에는 교회까지 가면서 기도했지만
전부 꽝 이라는 춘몽(春夢)이구나

메마른 일상에
팔딱대던 몇일의 간절함이
작은 행복이 아닐런지

공산성에서

민초(民草)의 눈물과 빗물이
천년 대백제 혼 어우러진 금강이
절벽에 부딪치며 이룬 자연 성곽
웅진성으로 불리다 공산성이라 한다

언젠가는 조선 인조임금
반역의 거친 함성에
숨죽이며 기도하던 곳은
승전비 전설로 세워졌는데

오늘은
한 마리 길 잃은 종달새가 퍼덕대는 종마루위에
늦여름 해 그림자는 세월처럼
능선 따라 드리웠는데
아직도 잇지 못한 공산성 내안(內案)길

어어, 길이 끊겨 절벽인데
아무도 모르는가 보다.

* 공산성은 충남 공주 금강변에 있는 산성으로 백제 60년간 수도였음.
조선인조(1595~1649) 1624년 이괄의 난때 피난한 곳임.

둥근 돌

너른 호수에 가라앉은 돌무더기
수 만년 살아가며 갈고 닦더니
둥근 수석(水石)되어
돌고 도는 세상이야기를 한다

빙그르 물속에선 돌도 돈다.

사냥개

생(生)의 반은
철창 속에서 짖었다.

산을 휘감는
폭설에도
어느 포수의 다섯 사냥개는
가시덤불
눈 구덩에
콧구멍 벌렁대며
멧돼지, 산 노루의
흔적을 찾는다

총소리
먼 산을 흔들면
소리보다 더 빠른
공간을 가르는 총알이
심장을 관통하여
팔딱대는 날짐승위에

한입 물어
내달린다.

그리고 잠시 주인의 토닥임

어느 날
늙은 사냥개
사람들의 개고기
질긴 육담 안주 되고
그래도
삶의 반은 자유였다오

지글대는 고기 밑에
하얗게 번개탄 빨간 불꽃 모락 연기,
산다는 것은 불꽃처럼 살다가는
한 낱 연기인가 보다.

겨울 산에서

눈발이 몰아치는 산마루에
늙은 소나무 흔들리고
초저녁부터 새벽까지 줄기차게 날리는 눈은
계곡 따라 물로 흐르는데
성에 낀 얼음장 밑
송사리 떼 작은 세상처럼
내가 안긴 겨울산은 온통 백색의 두려움에 갇혀
아직도 텅 빈 어두운 산속을 헤매는데

여태 걸어 온 길은 보이지 않고
갈 길도 눈발에 지워져 보이지 않고
무섭도록 고요한 겨울 산에
흔한 산짐승 발자국 하나 없다

새벽 군불 지피시던
늙으신 아버지는 여기 있다
흔들리는 눈발처럼 손짓하는데
밤새워 헤매던 내 흠뻑 등짐 위로
멀리 들려오는 목탁소리
등짐을 벗으라는데
그러면 길이 보인다 한다.

전세 계약서를 쓰며

아이들이 어린 학생일적
가급적 한곳에서 오래 살고 싶었다.

미국으로 이민 간
집주인은 집을 팔아야 하니
한 달 이내에 비우라 한다.

그냥
내 동네에 살고 싶은데
사년만 다시 계약할 때는
전세는 이미 두 배

은행문턱에서 왔다갔다
시골 엄니
쌈짓돈도 빌리고
삼십년간 얼굴 못 본
초등학교 동창 녀석에
빌려 달라 했다.

이사 가던 날
어렵게 마련한 전셋집에
바퀴벌레와 개미들이
허락 없이 먼저 살고 있는 것

야, 니네들
전세 한푼 안내고
이럴 수 있니 화가 나서 소리 질렀지만
전세계약은
인간 사이의 일이라 한다.
벌레들은 모른단다

가고 싶으면 가고
오고 싶으면 오고
하늘을 이고 있는 어디든지
자기네 삶터란 한다.

법도 없고 염치도 없는
바퀴벌레, 개미와 같이 살지만
인간세상 바깥에 사는
벌레는 아무 것도 모른다 한다.

본래 전세 계약서는
사람끼리의 약속이라

세상 미물들은
가고 싶으면 가고
오고 싶으면 오는데
온 세상 다 헤집어 다니면서도
계약서는 만들지 않고
그냥, 가고 오면 되는 것이라 한다.

* 내집을 장만하기 전에 다섯차례 전세계약서를 써본 기억이 있음.

독경듣는 새

비구니 홀로 사는
심산 암자
허물어진 추녀 끝에
어디선가 날아온 잎새 하나
포물선 그리며
바람이 정해놓은 문설기에 내려앉고

늙은 스님 목탁 소리는
새벽어둠에 울려 퍼지는데
어디선가 날아온 새 한마리
독경소리 홀로 듣느라
부리를 조아리며 법당앞에 앉았는데

불심(佛心)이 통했는지
눈부신 아침햇살에도 떠나지 않네

필리핀에서 온 새댁

맨발로 자란
어린 날이 애처로와
어느 먼 동방의 아침나라
선교사가 마련한 배를 타고
나는 어느 날
이 나라 중심이라는 충남 연기
그리고 남면 어느 동네에 왔다.

처음에는 말도 못 듣고
사람들도 무뚝뚝하고
가끔은 동네 아줌마들의 입방아도
들었다.

외양간의 소처럼
뜨거운 태양아래서도
너른 들녘에서 새벽처럼 저녁까지 일했다.

이젠 세월이 흘러
나에게 아들하나, 딸 하나

남들은 중간사람이라 하지만
하나도 다르지 않다.

이리도 사랑한 동방의 나라
나의 가슴에
나의 삶속에
사랑 주실 날 그리며
오늘도
하늘위
내 고향 남쪽 나라
필리핀 세부로 날아가는
비행기에
띄어 보낸다.

내, 사랑 코리아
내, 사랑 연기, 이제 세종 특별 자치시

* 결혼이주여성은 211,458명(2011년)이며 연기군 지역에는 490명 이주하였음.

산골 빈 집

올망졸망 산들이 합창하는
골짜기사이엔 실개천 흐르고
하늘 향한 언덕배기
천년동안 살아오던
유서 깊은 마을

재 너머 개동이네
여울너머 순이네도
달구지에 세간 달랑
하나 둘 도회지로 떠나고
갈 데 없는 할망구들 마실가는 빨래터
그 옆엔 고부랑 할아범들
바람 막힌 담벼락에 기대어
햇살 받는다.

동구 밖 장승, 꽈리 튼 만장엔
이 마을 전설이
볏가리 새끼처럼
까만 숯덩이로 펼쳐지고

어디선가 몰려든
들개 떼 짖어댈 때
텅 빈 지붕마다
주인 없는 호롱박이
어지러이 매달려 흔들린다.

그때, 구부러진 노인네들
그저, 먼 산을 바라본다.

* 세종시 전의 어느 산골마을 빈집에는 그해 가을처럼 호롱박이 여물고
노인 분들 홀로 마을을 지키고 있을까?

금강 하구둑

밀물과 썰물이 교차하며
낮과 밤을 만드는 경계선에
강물과 바닷물이 넘나들면서
민물고기 바닷고기 은색비늘 드러낼 때
물새와 바닷새의 날개 짓이 부딪치고
해마다 봄이 되면
거친 심해(深海)에 길을 만든 농어 떼
장대비 여름엔
땅위에서 흘러온 플랑크톤은 생명의 근원
계절이 바뀌는 가을이면
해와 달을 벗하여 수만리 하늘 길 만든 철새 떼
시린 눈보라 겨울엔
강 얼음 깨치는 빙어 떼
서로의 간절함이 요동치는 곳

하지만,
태초에는 짜디짠 황해(黃海) 내륙까지 밀려와
고달픈 벼농사 망친 농(農)꾼들이
강나루 외로운 나룻배에 슬픔 실어 보기도 전에

서러운 장맛비는 싯누런 탁류(濁流)로 할퀴고
민초(民草)의 꿈 쓸어버리던 금강(錦江)
반만년 한(恨)서린 충청, 호남양안(兩岸)이
이제는 6차선 제방도로 뻥 뚫려 하나 되었고
군장(群張) 산업단지로 비약(飛躍)하는데
본래 인간이 소망하여 만들었지만
자연생태가 다시 만든 금강 하구 둑

이다지도
세상의 온갖 생명들이 팔딱대는
이곳은
해상(海上) 이며 지상(地上),
그리고 사람 사는 하늘아래
낙원(樂園)이리라.

*금강 하구 둑은 전북 군산시와 충남 서천군 금강하류를 막아 1990년에 8년 만에 완공한 총길이 1841 M 저수량 1억 3천 8백만 톤의 인공호로 금강연안의 홍수조절과 생활용수를 제공하고 둑 위에는 두 지역을 하나로 연결하는 관통도로가 개설 되었다.

월요일 풍경

치카치카, 우장창
월요일 아침은
기분 좋은 시작인데도
화장실과 욕실이 운다

된장에 밥은 먹어야 하는데
시계 초침에 가슴이 벌렁대는 데도
둘 째 아이 학교에 태워 달란다.
우유 한잔 마시며
이중주차 차량 사이로
차 뽑고 열쇠 꽂고 엔진 돌리고
매일 아침이면 꽉 찬 도로가 오늘은 주차장
앞선 초보 고장차에 빠앙대는 뒷차 나쁜 놈

늘 상 헉헉대는 일상에
문득 나 홀로 되면
언제쯤 저녁, 다시 밤이고
눈뜨면 아침인가
왜 이리 사니
쳇바퀴 같은 외로움이 몰려오지만
다 그렇게 사는 거란다.

어느 변사체

일요일 오후
형사 당직실
김형사 곤한 잠을 깨우는
이십년 된 고물 전화 다이얼

어느 산골짜기
등산로 옆 참나무에
사람이 달려
어디선가 날아든 새떼 범벅 된 것이
두 달은 지났다 한다.

입은 벌려 하늘 향하고
벗겨져 뒹구는 구두
이토록 많은 사연 쉼 없이 퍼 나르는
개미집 둥걸에 허리띠 엮어
두 팔 벌려 축 처진 참 나무에 달렸다

죽어서도 새떼들에 파내준 육신
어차피 빈손으로 와서
공중에 날아가는 새들에게
마지막 외로움을 나눠주는
어느 주인 없는 황량한 변사체

황태탕을 먹으며

태평양 먼 바다에서
자유로운 어린 날
따뜻해지는 바닷물이 서러워
멀리 타향 땅 북쪽으로 올랐다.
어느 날,
한반도 남과 북이 알지 못하는 경계선에 잡혀
대관령 차가운 바람에 황태가 되었다.

누런 가죽과 온몸 우려낸 국물을
사람들이 후루룩 들이키며
아 그놈 실하구나, 고소하구만,
어느 해장집의 걸쭉한 단골손님이 되는 것은
그래도 견딜 만하다

한겨울 바다에서만 잡혀
태백산맥 차가운 언덕에
죽어서도 뒤틀렸다가
뜨거운 물에 삶아지면서
혹은, 남과 북의 임자 없는 그물에 걸려

오래도록 천형(天刑)처럼 매달리기도 하는
십자가보다 더한 고행(苦行)으로
우리네 식탁에 오시는
황태를 아시나요.

장애우와 춤을 추자

아침에 눈 뜨면
밥 준다고 모이라 하고
핏기어린 얼굴에
쟁반 상을 펼치면
밥주걱 두 사발, 국 한 스푼, 김치 한 주발
아침이 끝나면 점심 그리고 저녁을
기다리는 무표정한 하루가 다시
봄으로 여름 오면 겨울로
외로움을 견디는 나에게는
장애인이라는 다른 이름이 있는 데
팔다리 이지러지고
말소리 어설픈 애기 울음이라
사람들은 나를 장애우 라고도 한다.

어느 날
사이렌 울리며 수갑 잡던 손에는
통 기타에 색소폰, 아코디언 든 경찰관 아저씨들이
산골마을 곡마단처럼
노래하고 춤추고 부둥켜안고
목마른 나에게 물을 부어 주셨다.

* 세종경찰서는 청렴 동아리 "좋은 생각"을 통해 매월 외로운 분들을 위문 하고 있다

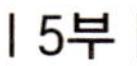

햇살 같은 경찰의 꿈

온 누리 고운 햇살처럼
국민이 믿고 의지하는
공정한 경찰이 되게 하소서

구름이 가려도 마냥 기다리는 햇살처럼
그늘진 곳에도 참는 마음으로
헌신하는 경찰이 되게 하소서

병천, 오일장에서

먼동에서 새벽처럼 장터에 모여든 사람들은
누런 적삼입고, 검은 고무신이나 나막 구두를 즐겨 신었는데
아침 해장에는 모락대는 순대에
걸쭉한 막걸리 한잔에다
팔딱대는 빙어튀김을 더하기도 하고
혹은 갱물에 절은 순두부를 마시거나
순대국밥을 선채로 들이키는 사람도 있었다.
병천 냇가에 늘어진 포장마차엔
리어카에 고철과 양은 냄비를 사는 사람과 엿장수도 있고
만병통치약이라며 각설이 타령하는 사람도 있었다.

옛날 엄니들은 고단한 농사일에
세상구경하는 오일장터을 기다렸는데
아마 맹모(孟母)처럼 아이들 사람사는 교육 시키거나
어린 아들을 장마당에서 자랑하고 싶어했는데
행여 어린 늦잠으로 따라가지 못하면
동구 밖에서 강아지 벗하며 기다리기도 하였다.

그래서 지금도 사람 사는 세상소리 들으려
엄니 냄새가 나는 오일장터에 간다.

생각하는 나무

생각하는 나무는
아마 천년을 살면서
응어리 헤진 등창이
하마 아파도 표정 없이 참으며
잔가지 짙은 푸른 새순 돋았나니
사람들은 그저
땡볕을 피하는 무성한 그늘로 생각하지만
오랜 세월 짓눌린 나무는
살아가는 일이 힘들다 한다.

생각하는 나무는
아침 햇살에 밝게 웃고
한낮 폭염에는 몸을 떨고
간혹 비오는 날에는 눈물을 흘리고
저녁에는 가지를 축 늘여 긴 한숨을 짓다
고요한 밤에 뒤척이나니
그렇게 천년을 두고
보고 듣고 아파했던
생각의 응어리를 삭쟁이로 털어 낸다.

사람도 생각하는 만물의 영장이라지만
생각하는 나무아래 서면
어쩐지 그 넓은 그늘에 묻혀
살아갈 내 자리가 작게 보인다.

스님독경

깊은 산속 암자 헤진 추녀 끝에
천년된 나무로 깎은 물고기 한 마리
은빛 비늘 햇살 받으며 흔들리고
늙은 스님 장삼 휘감아 목탁 치네

물과 바람소리에 실려 온 사연 듣고
어디선가 날아온 새들이
고요한 독경소리 스님혼자 외롭다하며
먼동 새벽까지 날아가지 않네

명(命)줄 짧은 강아지야

서너 달 전, 세상 나온 애완견 시츄를
가슴에 안고 이리저리 자리 펴고
앙증맞은 네 집에 뉘어
내 아기인양 낮 밤 보듬을 땐 몰랐다.

사람들 사이에서
숲속에 산책, 강변 뜀박질
요기조기 아이들 다 모여
귀엽다 만져보며 좋아할 때도 몰랐다.

어느 날 난간에서 떨어져 다리 둘
가슴뼈 부러져 봉합수술하면서
사람 보다 열배 병원비를 낼 때도
그렇게 빨리 죽는 줄 몰랐다.
십년 지나 걷기 힘들어 낑낑대며
매양 누워 긴 울음을 삼키더니 온 식구 눈망울에
마지막 사진 한 장 남기고 멀리 떠났다.

원래 네놈 명줄이 고작 십년인 줄 알았다면
이다지도 멍들지 않았는데
집안마당 감나무 밑 곱게 파고
흙을 덮은 것이 아니라 내 가슴을 덮었는데도
집안에 들어설 때마다 뛰어 나오는 강아지는
사실은 감나무 휘어진 그림자.

* 시츄(shihtzu)는 티벳이 원산지로 다 자라면 25cm크기로 6kg정도며 사교적인 사자견이 특징임

어느 연구소에 보낸 편지

태초(太初)에 하늘이 열리고
수백억 년 피고 지는 생명인
어느 벌의 화석(化石)이 발견되었다

그 오랜 세월 벌이 존재한 것은
벌이란 종족에겐
세상의 온갖 세균에도
부패와 변종(變種)을 지켜준
벌집의 면역력 때문이라 한다

2400년 전 히포크라테스
세상의 명약(名藥)으로 인정했지만
그것이 무엇인지, 어찌 만드는지 몰랐는데
대전에서 생명을 사랑하는
바이오 연구회 작은 사람들이
아픈 사람 낫게 하고
시름에 희망주는
그 귀한 약(藥), 프로폴리스를
세상에 첫선을 보였는데

자연에서 채취한 벌집으로 만들었으니
부패한 세상을 지키는 명약(名藥)아닌가

* 대전 유성에 소재한 "서울 프로폴리스"는 벌집을 재료로 인체에 유익한 의약품을 만드는 연구 회사로 날로 번창하길 기원한다.

나무야, 단풍나무야

처음엔 여린 새순으로
방긋 웃으며 세상에 나왔지만
때로는 바람 부는 날에는
언뜻 언뜻 보이던 하늘 향해
푸른 깃발 흔들어 대다가
천둥치면 부르르 떨고
폭우가 내리면 두꺼운 푸른 옷 아래로
장대비 같은 눈물 흘리다가
햇볕 밝은 날엔
가지 곧게 세우기도 하였다

산 그림자가 길어지던 어느 날
울다 지쳐 버린 매미가 떠날 때가 되어
내년에 다시 온다는 말을 듣고
먼 여행길 준비 해 둔
고운 꼬까옷을 입었다.

당단풍, 신나무, 시닥나무, 고로쇠, 복자기
많은 이름으로

예뻤던 추억은 뿌리에 묻고
이제 스산한 텅 빈 산마루에
뒹굴리다 스러질 것이고
얼어붙은 땅에 이불이 되어
언젠가 다시 찾아올 봄을
기다릴 것이다.

처음처럼,

세종보에서

미호천과 금강이 합강리(合江里)에서 처음 만나
움푹한 웅덩이에서 소용돌이치며 짝짓기 하는데
가문 날엔 사랑하던 진물 다 마른 강바닥은
농사꾼 갈라진 손바닥이라.

폭우가 내리면 황톳물로 흘려보내고
가문 날에는 물꼬 전쟁으로 농심 사납더니
어느 날, 4대강 대역사 이루어
호수인지 바다일까 큰 물 가득하여
그 옛날 금강을 다시 본다.

예전엔 뱃사공 노 저어 건너던
창벽 나루, 내포 나루, 웅진 나루가
난개발 콘크리트에 갈라진 실개천이었는데
이제는
수상스키, 오토캠핑, 레저 활동으로 사람들 붐비는
숲이 우거진 체육공원, 사백리 자전거길, 수력 발전소
비가 오면 채웠다가 가물면 흘리며
폭우와 가뭄, 온갖 재해에 타는 농심(農心)을 적시며

그 귀한 생명인 물을 가꾸고
행정 중심 복합도시를
넉넉히 품은 국내 제일의 인공호수로 연결되어
자연이 다시 만드는 세종보.

날마다 호수처럼 넓은 금강을 건넌다.

* 세종보는 세종시 첫 마을 아파트 인근에 금강을 막아 설치한 348m 수중보로 38백만톤 물을 담수 할 수 있고 연간 7,260KWH 전력을 생산할 수 있음

시장 할매

대전역 맞은편 빛바랜 중앙시장 간판아래서
푸성귀 한자리 위에
하얀 머리에 진물 흐르는 할매는
비오나 눈 오나 폭염이나
열아홉에 시장나와 육십년동안
자리 한번 떠난 적 없다

달래, 씀바귀, 냉이, 두릅
어느 산골 집 뒷동산에서
구부러진 허리춤에 엽전처럼 한 닢, 두 닢 엮어 왔건만
시커먼 매연, 아스팔트 도로 옆에서
지글대는 햇빛에 말라가고
퀭한 할매 카악 대는 가래침만 뿌려진다.

해질 녘
역전 파출소 경상도 아재 김경사가
노점상 갈취범 잡으려 순찰 돌다가
'할매요 많이 파신교, 다 말라 뿌렸네
시장바닥에서 장사 안되지, 그래도 어쩐다냐,

산입에 거미줄 치냐고,
전부 떨이 얼만 교, 이만 원만 주란다.'

출근길에 마누라는
시들어진 나물 다시 사오지 말라는 잔소리 맴돌고
대형마트 싱싱한 야채 어른대지만
할매의 간절한 눈빛을 산기라
축 처진 늙은 소 눈망울을 산기라
온 종일 폭염에서 고단하신 할매가
내일 드실 아침상을 산거라 한다.

지렁이

비가 온 날 들판에 서면
몇 날을 기어서 네 어깨 저민 강가에 대고
강가 숲속에 작은 몸 숨기기도 하는데
너는 푸르른 이 땅의 지킴이.

할퀴는 발톱도 물어뜯는 이빨도
덩치 큰 놈을 한방에 죽이는 독침도 없고
밟히면 아프다고 하지 못하고 속으로 울지만
창자 터져 흩뿌려져도 꿈틀대며 마지막 용트림으로
마른 땅에 거름 주고 새들에게 기꺼이 먹이 되어
세상이 끝나는 날까지 몸뚱이 다 내주며
오직 남을 위해 바치니
너는 아름다운 이 땅의 지킴이.

누가 하잘 것 없다지만
태어날 때부터 헌신(獻身)을 배운 지렁이는
이 순간도
쉬지 않고 앞으로 앞으로만 꿈틀하니
너는 신비로운 우주의 지킴이.

어느 가난한 시인

당신이 무슨, 시인
글자 나부랭이 끄려대지 말고
돈 벌어오란다
무신 놈 팽이 시가 밥 주냐며
잘난 말장난으로 마누라 고운 심지
날마다 건들지 마라 한다

모르시누만, 사람은 누구나 시인이야

돈이 아니라
고단한 몸 덩어리 씻어내면 행복하니
한낱 헤진 종이에 몽당연필로 쓰지만
언젠가 천둥처럼 하나님이 응답 하는 날에는
살아온 날 행복했던 가난을 노래하였다 할 것이다

지금은 세상이 가난 하여
문학이 죽고 예술이 죽어
시인을 제대로 알지 못한다 하겠다.

공산성의 수문병 교대

구비 구비 금강
깎아지른 자연절벽 천연요새에
남국에서 철새 떼 둘러앉아
세월을 실어온 잔잔한 바람결에
천년 백제의 한(恨)을 재잘대는구나.

갈 봄 없이 피고 지는 바위틈사이 들꽃에
새 한 마리 앉아 바람에 흔들리고
다른 새는 뭉툭한 이빨을 바위틈새 비벼대고
또는 꽃잎을 물거나 풀뿌리를 물고 나무 등걸을 파거나
더 큰 새는 배부른 부리를 가슴에 묻었는데
그렇게 새들의 낙원 이었으리라

어느 날
그날의 백제 병졸복장의 아이들이
창검 번득이며 성곽을 오르내리는데
화들짝 놀란 철새 떼는
노을 속 비단 보다 고운 물위로
무리지어 날아 간다.

* 공주 공산성에서는 휴일 아침저녁으로
* 옛날 백제 군병차림의 수문병 교대식을 함

햇살 같은 경찰의 꿈

아침에 일어나
동쪽 먼 산에서 찬란히 비치는 햇살은
그 얼마나 아름다운가

강가 자욱한 안개사이 솟구치는
은어 비늘처럼 반짝이는 햇살은
그 얼마나 눈이 부신가

바람 부는 언덕 개울가 고향집
담벼락에 비추는 햇살은
그 얼마나 따뜻한가

날마다 금강을 건널 때
세종보 첫마을교(橋) 아취 위에 해가 걸리면
세상의 으뜸, 햇살 같은 경찰의 꿈꾼다.

추위를 녹이는 햇살처럼
고단한 분들의 눈물을 닦아주는
따뜻한 경찰이 되게 하소서

혼자서도 강렬한 햇살처럼
거친 산야에 홀로 핀 들꽃같은
강인한 경찰이 되게 하소서

새벽을 여는 햇살처럼
잠들지 못한 사람에게 포근한 이불 덮어 주는
근면한 경찰이 되게 하소서

온 누리 고운 햇살처럼
국민이 믿고 의지하는
공정한 경찰이 되게 하소서

구름이 가려도 마냥 기다리는 햇살처럼
그늘진 곳에도 참는 마음으로
헌신하는 경찰이 되게 하소서

눈이 부시게 청명한 햇살처럼
황금을 보며 흔들리지 않는
깨끗한 경찰이 되게 하소서

어둠을 걷히는 햇살처럼
죄를 미워하고 불의를 멀리하는
의로운 경찰이 되게 하소서

내 생의 전부인 경찰, 이 십 오 년
내일 다시 뜨는 햇살 같은 경찰의 꿈으로
여기 세종의 들판에도
새싹 나고 봄꽃 가득하게 하소서

달빛, 세상을 비추다

보름달이 환한 밤에
퇴직 열흘 앞둔 동면파출소 김소장은
휘청대던 도시가 달빛에 사그라지는
텅 빈 골목길을 걷고 있다.

어느 집 들창에서 부부의 칼진 목소리가 세상을 깨우고.
어느 주점(酒店)앞에 어린애 널 부러진 옆에는
귀밑이 뽀얀 여자애가 담배물고 서성이고
굉음 내며 내 달리는 오토바이 가득한
도심은 욕망의 배설구다

깊은 밤에 깨어 있어야 하는 사람
매운 매연에 까만 콧물 흘러내리는 사람
주정뱅이 욕지기 다 들어주는 사람
길 없는 아이들에게 엄니 같은 사람
목마른 사람들에게 샘물이 되는 사람
지난 삼십 오년간 경찰이 전부였던 그 사람이다.

당신이 달빛 비치는 창가에서 편히 잠들 때

세상이 토해내는 오물을 치우며
남몰래 눈물 흘리는 사람 보았나?

때로는 달빛처럼 다가와
자신의 눈물은 감추고
잠 못 드는 사람들의 눈물을 닦아주는 사람을 보았나?
세상이 잠들때까지 온밤을 비추는
따뜻한 달빛 보았나?

세종(世宗), 세상의 으뜸

– 세종시와 세종경찰 출범을 축하하며 –

이 땅에 수많은 도시들이
별처럼 빛날 지라도
온 인류의 지침이 되는
북극성이 우주의 중심이듯
한반도 심장인 이곳은 세상의 으뜸이라

이 세상 많은 언어중에
말하고 읽고 쓰는 한글로
온 세상 사람이 쉽게 배우도록
백성을 사랑하신 군주세종은
반만년 역사상 세상의 으뜸이라

수 만년 인류 문명에
만리장성, 피라미드 남겼으나
환경과 사람중심 분권과 균형발전의 상징인
첨단 세종 정부청사가 세상의 으뜸이라

세종(世宗), 그 말씀대로 세상의 으뜸이니
안전하고 행복하여 살기좋고
세상의 으뜸, 세종경찰 함께하는
세종시는 만방에 으뜸이라

반만년 질곡의 역사를 새로 쓴
나라 사랑 빛난것처럼
평등과 박애가 맑은물로 솟아나
자유와 정의, 행복과 번영의 물길되어
강물처럼 흐르라
금강(錦江)처럼 흐르라
세종, 세종 그 우렁찬 종소리 울려 퍼져라

세상의 으뜸, 세종특별자치시

영산홍(映山紅)이 피고지고

가고 오는 사람들 부끄러워 긴 겨울잠 자다가
산들대는 봄바람에 피울까 말까 갸웃대더니
어느 순간 활짝 피어 햇살보다 더 붉은데
첫사랑 여인이 생각날까봐
봄을 시샘하는 비에 젖어
속절없이 떨어지네.

붉은꽃 흰꽃 보라꽃으로
불타는 꽃향기 천리를 달려
찬란한 봄 소식을
그리운 사람에게 전해주오.

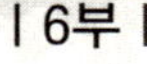

| 6부 |

번역시 모음(다문화 가정을 위해)

Even the tiniest creatures
are blessed with grace.
But why are we so dry?
Why are we so heartless?

Granny in a square 중에서-

광장 할멈

서대전 광장이 열리면
새모이 가득 싣고
비둘기 친구 되는 할멈 있소

하얀 밤길
새벽 기다리며
한줄기 빛 따라 왔소

지네들 애비 죽고 과부소리
애들 바라 복 바친 오십년,
악착같이 벌어 모은 전재산

대학 보내줘, 집사줘
이젠 키운 아이들 복채로 다 주었소

미국 사는 큰애 전화 ,
서울 둘째 다녀 간지,
부산 셋째 소식 끊긴 사년 되었소

Granny in a square

When the day begins at the Western Daejeon Square
there comes an old lady with a basket full of bird seeds
seeking to be a friend for the doves.

She's been following a glimmer
down the white road
yearning for the break of the dawn.

50 years devoted to her children,
50 years, the word 'widow' had been haunting her.
And all of her hard work and fortune

are gone with the children:
as houses and college tuition.

Last phone call from her first child in USA,
last visit from her second
and the last time her third contacted her
were over four years ago.

어제
동사무소, 박서기가
배달한 쌀 한포, 밀가루
그것이 달랑 한달 재산
하지만 새벽마다 비둘기 모이는 아깝 잖소

오늘도 광장에 서면

세월의 주름이
진물처럼 허연 머리,
구부린 허리위에
비둘기 떼는 수천,
가진것 없는 광장할멈
그리 많은 친구
가난하지만 복이 있소

작은 미물도
은혜는 넘치는데
메마른 우리네는
왜 이리 모질까요.

Her only fortune
is a bag of rice and flour
that Mr. Park from the Dong office
delivered yesterday.
But the bird seeds she buys every morning
don't bother her at all.

As she stands alone in the park

Her grey hair bleeds the time that had wrinkled her,
and the thousands of doves fly over her crooked back.
She doesn't have anything but the thousands of her friend;
She is wealthy after all, she is blissful after all.

Even the tiniest creatures
are blessed with grace.
But why are we so dry?
Why are we so heartless?

군장교를 지나며

밀물과 썰물이 교차하는 경계선에는
강물과 바닷물이 넘나들면서
지상의 철새들 모여들고
해마다 봄이 되면
거친 심해에 길을 만든 농어 떼
해와 달을 벗하여 수만리를 하늘 길 만든 철새 떼
서로의 간절함이 요동치는 곳

본래 사람들이 만들었지만
자연생태가 만든 금강하구

이다지도 세상의 온갖 생명들이 팔딱대는
이곳은 하늘아래 낙원이리라.

Crossing the Goonjang Bridge

At the cross line where the flood
and the ebb tide collide
All sorts of birds flock together,
and the river and the ocean come together.
The place where the earnestness of
a school of sea bass that paved
its own path in the rugged sea
And a flock of birds that paved its own path up in the sky alongside
the moon and the sun swell.

A mouth of Geum River was originally
made by humans
but was raised by the mother nature.

What a paradise.
Where all kinds of nature breathe together.

외국인 노동자

쉼 없는 밀링 선반에
다른 피부색 이방인
손놀림이 바쁘다.

부서지던 공장도 잠든 밤
옥탑 방 쪼그려 잠들기 전
담배 연기 마지막 자유로움이 포물선
새카만 하늘에 보낸다.

한 많은 사연 가득담은
연기는 창가에 맴돌다가
이역만리
가족 얼굴로 스민다.

그 옛날
조국의 젊은이들 서독 가서
석탄 막장에서 사라져간 광부
소름 돋는 시체 닦아내던 간호사
뜨거운 사막, 사우디에서 목마르던 노동자

Foreign worker

Colored hands of a foreign worker
are busy working on the milling lathe.

At night when the factories sleep
the cigarette smoke shatters upon the dark sky
as he falls asleep in the rooftop house.

The regrets and the heartrending stories
filled in the cigarette smoke
hover besides the window
and then fly over to his very own family.

Remember the old days
when the young guns of the country
flew over to the Western Germany.
A mine worker buried under the blind end of the coal mine
A nurse who bathed and shrouded the dead body
A laborer dying of thirst under the blazing desert.

새벽을 하얗게
기다리는 이방인의
눈 꺼풀에는 시린 서리발이
흘러 흘러내리고
인간의 존엄,
평등과 자유로움이
강물처럼 흐르기를
어제의 우리처럼,
오늘 그리고 내일에는
저들에게 소망한다.

As morning frost flows down from
a foreigner' s eyes as he waits for the break of dawn

I hope tomorrow, the dignity, liberty and equality
would also flow through us and them.

곰배령을 넘으며

나무가 외로워
눈물을 흘리신다.
실개울도 외로워
세찬 폭포가 된다.

산의 절정에는
늘 꽃의 절정
여름의 중턱을 넘나드는
태백 준령의
한가운데 곰배령

그 전설을 아느냐
외로워 떨군
나그네의 넋을 아느냐
나무가 외로워

다시 눈물을 흘리신다.
그리고 실개천 흐르고
폭포가 된다

봄, 여름, 가을 , 겨울

As I walk over the Gombae Ridge

The tree cries out of loneliness
Even the tiniest brook
becomes a violent waterfall
out of loneliness.

The peak of the mountain
is always the peak of the blossoming flowers.
The ridge of Gombae
situates at the center of the steep and high Taebaek Ridge
which steps in and out of the summer.

Do you know the old legend?
Do you know the lowered soul of the lonely drifter?
The tree sobs again
And the tiniest brook flows into the violent waterfall
out of lonesomeness.

Spring, summer, fall and winter.

어느 변사체

일요일 오후
형사 당직실
김형사 휴일 곤한 잠꼬대를
아직 이십년 구식 다이얼
따르릉 전화음이 깨웠다.

어느 산골짝이
등산로 옆 참나무에
사람이 달려 있네요
그리고 새떼가 범벅된것이
두 달은 지났다 한다.

입은 벌려 하늘 향하고
구두 한짝은 벗겨져 나둥글고
무슨 사연 저리 섧어
수백년 아름 참 나무에 달렸나.

애처로운 죽음이라
그리 많은 새떼
애도 하는가
어느 황량하고 슬픈 변사체.

A dead body

Sunday afternoon,
detective duty-room.
Detective Kim's sweet holiday and nap
was interrupted by a phone call.

"There hangs a man on an oak tree
next to a mountain trail."
Covered with the flock of birds,
it must have been at least two months old.

With its mouth wide open, it faces the sky
and its shoe is left undressed.
What made him so mournful
that he had to hang himself on such a beautiful oak tree.

Is it that pitiful death
so the flock of birds mourn the death.
a desolate and doleful dead body.

죽어가는 강아지

태어난지 석달된 애완견 페트를
가슴에 안고 올때는 몰랐다.

포근한 개집을 지어
낮이나 밤이나 아기처럼 돌볼때는 몰랐다.

사람들이 많이 다니는
산길에 산책을 시키고
아이들이 귀엽다 만지는 걸 좋아할 때도 몰랐다.

난간에서 떨어져 두다리가 골절되고
가슴뼈가 뿌러져 봉합수술을 받고
나의 입원비보다 열배많은 수술비 낼때도
이렇게 이별이 다가올줄을 몰랐다.

한 십년이 지났을까
걷는 것도 힘들다며
매양 누워있던 강아지는
그 긴울음을 삼키고 온가족의 보살핌에

Dying dog

Didn' t know..
when I had a three months old
Pat, my pet, in my arms.

Didn' t know..
When I built him a home sweet home
and took care all day and night.

Didn' t know..
Even when Pat liked being pet
by little kids along with all the stragers,
while strolling down the park

Didn' t know..
that we would have to say goodbye so soon,
even when I had to pay hospital bills
for his two broken legs and breastbone.

Perhaps ten years have passed.

다음생으로 떠났다.

강아지의 수명이 채 십년인줄 알았다면
이다지도 애닯게 섧어 하지도 않았을 거다.
이제는 감나무밑 안마당에
묻어주지만 흙에 묻은 것이 아니라 가슴에 묻었다.

Pet had to lie on his bed all day
because walking was too much for him.
Then he was gone.
He had moved onto his next life,
among family' s blessings and affection.

Only if I had knew
that my Pet would only live for ten years
I won' t be as mournful as I am now.
Although he lies under the persimmon tree
in my backyard, he forever lies under my heart.

어느 경찰관의 기도

(神)이시여!
민주질서, 봉사치안, 안전한 나라
하늘이 주신 신성한 의무(義務)를 늘 생각하여
공포와 두려움을 정복할 강한 힘을 주소서,

가려하지 않는 곳에 갈 수 있는 용기(勇氣)와
춥고 낮은 곳에서 평생을 다하는 희생으로
폭풍우 눈보라에도 환하게 비추는 등대 되어
고요한 아침을 맞게 하소서,

불의와 폭력을 제압하는 정의(正義)를
갈등과 분쟁을 잠재우는 지혜(智慧)를
아픔과 눈물을 닦아주는 사랑으로
창의(創意)와 혁신(革新)을 충만히 채우게 하소서,

성급하고 편협 되게 판단하지 말고
모든 사람의 주장을 참을성 있게 들으며
나를 신뢰하는 이웃에게 든든한 믿음 주어

A policeman's prayer

Dear Lord
Give us strength to overcome our fear and fright
so we could always keep your sacred duty,
democratic order, public service and order in our minds.

Let us start the day with
the spirit of sacrifice to serve each day in low and cold places
and bravery to seek the unsought.

Please fill our soul with creativity and innovation with
justice to subdue the unjust and violence
wisdom to calm the conflict and dispute
love to pacify agony and torment

Let us be the guidance for the people
Let us judge without intolerance
Let us listen to others with patience and care
and Let us give our faithful neighbors a true trust.

온 누리에 푸르른 民衆의 지팡이 되게 하소서,

매일 밤 마지막 시간에 가족의 품으로 돌아와
새벽 첫 동이 트기전에 집을 나서는
일생동안 오직 근면(勤勉)함으로 일하다 생(生)을 마치면
남아있는 사랑하는 내 가족을 지켜주소서,

흉포한 범죄와 처절한 사고로 목숨을 잃은
동료의 고귀한 영혼(靈魂)이
처음처럼 영원까지 살아 있도록
우리를 보살펴 주소서,

Please look after my family
once I am gone serving my country with diligence.
I would go home late every night
and leave home early every morning if you would.

Please look after us
so the noble spirits of our colleagues,
who had lost their lives
figithing against ferocious crimes and atrocious accidents,
could live forever within you.

필리핀에서 온 새댁

맨발로 자란
어린날이 애처로와
어느 먼 동방의 아침나라
선교사가 마련한 배를 타고
나는 어느날
이 나라 중심이라는 부여에 왔다.

처음에는 말도 못 듣고
사람들도 무뚝뚝하고
가끔은 동네 아줌마들의 입방아도
들었다.

외양간의 소처럼
뜨거운 태양아래서도
너른 들녘에서 새벽처럼 저녁까지 일했다.

이젠 세월이 흘러
나에게 아들하나, 딸 하나
남들은 중간사람이라 하지만

A bride from the Philippines

Pitiful is my bare-foot childhood,
I came to the eastern land of morning calm, Booyuh, South Korea
with the boat that missionary arranged.

At first,
I couldn't talk.
People were brusque
and I was often the center of the town's gossip.

I worked under the blazing sunlight from dawn to dusk
just like a bull from a cowshed.

The time has passed
and now I've got a son and a daughter.
People still address me as a "half-blood"
but I am of no difference.

My beloved country of the East.
When would it ever fill

하나도 다르지 않다.

이리도 사랑한 동방의 나라
나의 가슴에
나의 삶속에
사랑을 주실 날은 언제런지

오늘도 하늘위에
내 고향 남쪽 나라
필리핀 세부로 날아가는
비행기에
띄어 보낸다.

내, 사랑 코리아

my heart
and my life
with love.

My words scatter in the sky
alongside the plane
that flies to my Southern country,
Cebu, Philippines

My very own words.....
"My beloved Korea."

작품해설

상상력을 확장하는 생명의 시(詩)세계

피 기 춘
(시인 · 한국농촌문학회 부회장)

프랑스의 시인 라마르틴(1790~1869)이 "사랑은 평생 익어가는 과일이다"고 노래한 것처럼 12만 세종시민을 위하여 평생 치안의 파수꾼으로 헌신봉사 할 세종경찰서가 드디어 희망의 종을 울리며 그 문을 열었다.

이와 더불어 초대 서장으로 부임한 심은석 총경이 자신이 걸어온 공직생활 25년의 세월 속에 조용한 창작활동을 통하여 써온 80여 편의 시를 묶어 《햇살같은 경찰의 꿈》의 제목으로 첫 번째 시집을 상재했다. 참으로 축하할 일이고 반가운 일이다.

경찰과 시인! 이처럼 아름다운 단어도 드물 일이다.

심은석 시인은 경찰서장이라는 직함이전에 세상에서 가장 자유롭고 향기로운 인생단어의 주인공인 시인이라는 호칭을 갖고 있다.

시인은 자유로워야 하며 그 자유로움은 정신적 자유로움 뿐 만 아니라 육체적 자유로움도 함께 내재하고 있어야 한다. 특히 정치지도자와 고위직 공무원들의 정신세계는 가장 투명하고 서정적이며 평화로운 감성을 가져야 한다. 경찰공무원 중에서도 가장 바쁜 자리가 어쩌면 일선의 경찰서장이다. 이 같은 열악한 환경과 여건 속에서 자신의 문학적 재능을 계발하고 더욱 찬연한 문학의 꽃을 피워가는 심은석 시인은 공직자의 소명의식을 감동적인 시세계를 통하여 독자들의 가슴을 따뜻하고 정겹게 맞아주고 있다.

심은석 시인의 시세계는 언어예술로서 사상이나 감정은 물론 공직자의 긍지와 신념을 휴머니즘적 모티브로 표현한 상상력을 확장시켜 주고 있다. 시의 아름다운 본질과 감동, 진실을 투명하게 잘 표현하고 있다.

시인과 독자는 詩라는 연결 고리를 통하여 소통하며 시인의 아름다운 詩세계의 진실을 만나고자 한다. 심은석 시인은 유년시절부터 자연과 문화가 아름다운 충청남도 공주에서 나고 자랐다. 더불어 그가 작품을 통하여 전달 하고자 하는 문학적 하모니와 휴머니즘이 독자들에게 푸른 희망의 언어로 부활하길 기대한다.

지네들 애비 죽고 과부소리/ 애들 바라 복 바친 오십년/ 악착

같이 벌어 모은 전 재산//
대학 보내줘, 집 사줘,/ 이젠 키운 아이들 복채로 다 주었소//
미국 사는 큰애 전화/ 서울 둘째 다녀 간지/ 부산 셋째 소식
끊긴 사년 되었소//
어제/ 동사무소 박서기가/ 배달한 쌀 한포, 밀가루/ 그것이
달랑 한달 재산/
하지만 새벽마다 비둘기 모이는 아깝잖소.//

「광장 할멈」3~6연

가슴이 뭉클하고 눈물이 쏟아지는 글이다. 이제는 이승을 떠난 내 어머니의 삶이요. 우리들의 어머니의 삶이다. 칠팔 남매를 낳고 키운 우리의 어머니들은 이제 이른 새벽 공원 구석진 곳에서 자녀들로부터 외면 받고 비둘기에게 쌀 한 톨을 던지면서 질곡의 삶을 고독하게 마무리하고 있다. 자식의 자리에서 우리 모두에게 강한 자성의 메시지를 전하고 있다.

시성 괴테는 "왕이건 농부이건 가정에서 행복을 찾을 수 있는 사람이 가장 행복한 사람이다" 고 역설했듯이 이 시대를 살아가는 현대인들은 저마다 가슴 깊이 새겨 둘 말이다. 오늘날 우리 사회는 존속살해 사건이 날로 증가하는 참담한 현실에 직면해 있다.

심 시인은 우리의 불효를 작품을 통하여 고발하고 있다. 시란 낡고 어두운 존재를 지우고 그 뒤에 새로운 희망의 존

재를 세우는 건강한 몸짓이요. 희망의 몸짓이다.

한글 학자 이오덕(1925~2003) 선생은 "남들이 읽어서 유익하고 감동을 받을 수 있는 글을 써라. 글은 함부로 쓰지 말고 깨끗한 언어로 쓰라"고 지적했듯이 위 작품에서 우리는 참으로 감동적이고 깨끗한 문학세계를 만날 수 있다.

그 옛날/ 이 땅의 젊은이들/ 서독 가서 석탄 막장에 파묻힌
광부/ 소름 돋는 시체
닦아내던 간호사/ 열사의 땅, 사우디에서 목마르던 노동자//
새벽을 하얗게 기다리는/ 이방인의 눈꺼풀에는/ 짜운 눈물이
시신 서리로 흘러 흘러내리고// 이간의 존엄/ 평등과 자유로
움이/ 강물처럼 흐르기를/ 어제의 우리처럼,/
오늘 그리고 내일에는/ 저들에게 소망한다.//

「외국인 노동자」4~5연

국내체류 외국인이 120만 명을 넘었으며 이에 따른 국제결혼가정도 급속히 증가하여 우리나라도 이제 다문화가정이 정착되고 있다. 하지만 이에 따른 외국인 근로자 및 불법체류자에 대한 인권침해가 사회문제로 이슈화되기도 한다.

돌아보면 1960년대 우리나라가 가난했던 시절 저 멀리 서독과 사우디 등에서 약소국가의 서러움을 눈물로 삼키면서 외화를 벌어드렸던 시절이 있었던 사실을 잊어서는 안

된다. 더불어 국내에 체류 중인 외국인 근로자에 대한 보다 따뜻한 관심과 배려가 요구되면 다문화 가정으로 인한 혼혈아에 편견과 이질감에 대한 인식을 빨리 버려야 한다.

밀리는 차, 부딪치는 사람/ 하늘을 찌르는 빌딩사이로 / 밤새워 네온 불빛 신도시//
본디 산등성이 실개천 흐르고/ 하 이얀 메밀 밭, 복사꽃 만발한 과수원/
만나는 사람냄새 배꽃처럼 흐르던 곳// 방앗간 집 길동아,
감나무 집 희영아/
다 어디 갔느냐// 성냥갑 아파트 숲 사이로/ 낯선 여인네들/ 짙은 루즈에 말라빠진 웃음소리만 들리나// 하늘을 찌르는 빌딩 같은/ 땅값 보상 받아보니/ 이건 로또구나/ 달마다 추녀자락 돈다발 걸리고/ 밤마다 흥청대는 술집에/ 돈 세는 소리//
오직 환락과 돈만이 물신(物神)된 오늘/ 내 어린 날 친구들의 다정한 눈빛이/ 그립다//

「신도시」 전문

프랑스의 철학자 자크 데리다(1930~2007)는 글쓰기란 "어떤 것의 존재를 지우면서도 그것을 읽기 쉽게 유지하는 몸짓의 이름"이라고 했다.

지식 · 정보화 시대를 맞이하여 조상의 얼과 혼이 묻혀 있는 전국의 국토가 개발이라는 명분하에 갈기갈기 찢기고 파헤쳐 해부를 당하고 있다.

'인간이 자연을 버리면 결국 자연도 인간을 버린다' 는 격언처럼 우리의 고향산천이 아파트 숲으로, 골프장으로, 가진 자들의 별장과 펜션으로, 각종 공장의 설립으로 사라져가는 이 비정한 현실 앞에 졸부들의 웃음과 낯선 이방여인네들의 화장품과 짙은 향수가 물결치고 현실이다. 심 시인은 「신도시」를 통하여 난개발로 인한 자연훼손에 대한 잠언적 충고를 주고 있다.

인고(忍苦)의 세월아/ 광명(光明)의 세상으로 간다/
칼날 같은 새벽일랑 가슴에 담고/ 이제 온전이 혼자 우는 새//
산다는 것은 선택하는 것/ 텅 빈 그림자와/ 마지막 피를 토해내는 몸부림으로/ 가야할 길을 찾아 간다//

「시험장에서」1~2연

경찰조직은 가장 엄격한 계급조직문화다. 더불어 그 구성원이 되면 누구나 가장 염원하는 것은 바로 승진이다. 삼사승진, 특별승진, 시험승진 등 다양한 승진의 문이 있지만 가장 보람 있는 승진은 시험승진이 아니겠는가? 심 시인은 경찰대학을 통하여 경찰에 입문하였고 이제 경찰의 꽃이라는 총경으로 일선 경찰서장으로 근무하고 있다.

하지만 총경의 자리에 승진시험을 위한 수많은 불면의 밤이 없었다면 오늘의 영광된 승진과 보직도 없었을 것이다. 날마다 새롭게 배우고 도전하는 인생이 가장 아름답듯이 「시험장에서」는 독자들에게 저마다 주어진 인생에 대한 아름다운 도전을 갖게 하는 희망의 메시지이다.

정현종 시인은 '모든 순간이 꽃봉오리인 것을' 이라는 시를 통하여 "그때 그 사람이/ 그때 그 물건이 노다지였을지도 모르는데… 모든 순간이 다 꽃봉오리인 것을/ 내 열심에 따라 피어날 꽃봉오리인 것을//" 이라고 노래했듯이 어쩌면 심 시인이 승진을 위하여 준비하던 그 힘겨웠던 순간들이 노다지의 시간이고 꽃봉오리가 피던 순간들이 아닌가 싶다. 어쩌면 우리 인생은 홀로 가는 고행의 길이다.

가장 힘들고 외로운 날엔 자신밖에는 아무도 만날 사람이 없는 것이다.

신(神)이시여!/ 봉사와 질서, 안전한 나라, 행복한 국민/
하늘이 주신 신성한 소명을 늘 생각하여/ 두려움을 이길 강한 힘을 주소서.// 불의와 폭력을 제압하는 정의를/ 갈등과 분쟁을 잠재우는 지혜를/ 아픔과 눈물을 닦아주는 사랑으로
/ 창의와 열정을 충만히 채우게 하소서//

「어느 경찰관의 기도」1, 3연

고대 그리스의 철학자 플라톤은 "인간은 자신을 위해 태

어나는 것이 아니라 국가를 위해 태어났다"고 역설했듯이 경찰이야말로 자신과 가정보다 국가를 먼저 생각하는 공무원이다. 13만 경찰이 불철주야 민생치안의 파수꾼으로 수고하고 애씀이 있기에 5천만 국민이 항상 평온하고 행복한 삶을 살아가고 있는 것이다.

심 시인은 특히 새롭게 문을 연 세종경찰서 초대 서장으로 남다른 감회와 자신의 복무지침을 갖게 될 것이다. 무한 봉사의 치안서비스와 범죄 없는 도시를 만들어 가야하는 고독와 독백의 마음을 「어느 경찰관의 기도」에서 잘 보여주고 있다.

"봉사와 선한 일을 생각하거나 보기만 하여도 마음이 착해지고, 우리의 육신도 영향을 받아 신체 내부에서 바이러스와 싸우는 면역물질 lgA가 생겨 질병을 이겨낼 수 있다." 테레사의 효과처럼 심 시인의 심성(心性)은 이미 다이돌핀을 생성하는 시의 샘물로 가득 차 있음을 발견한다.

나무가 외로워/ 눈물을 흘리신다./ 실개울도 외로워/ 세찬 폭포가 된다.//
산의 정상에는/ 들꽃의 절정/ 여름의 중턱을 넘나드는/ 태백 준령의/ 한가운데 천상의 화원(花園)// 그 전설을 아느냐/ 외로워 떨군/ 나그네의 넋을 아느냐/ 나무가 외로워/ 다시 눈물을 흘리신다./ 그리고 실개천 흐르고/ 폭포가 된다./ 봄, 여름, 가을, 겨울//

「곰배령을 넘으며」 전문

생각하는 나무는 / 아침 햇살에 밝게 웃고/ 한낮 폭염에도 몸을 떨고/ 간혹 비오는 날에는 눈물을 흘리고/ 저녁에는 가지를 축 늘려 긴 한숨을 짓다./ 고요한 밤에 뒤척이나니/ 그렇게 천년을 두고/ 보고 듣고 아파했던/ 생각의 응어리를 삭정이로 털어 낸다.// 사람도 생각하는 만물의 영장이라지만/ 생각하는 나무아래 서면/ 어쩐지 그 넓은 그늘에 묻혀/ 살아갈 내 자리가 작게 보인다.//

「생각하는 나무」3~4연

무릇 시인은 자연의 소리에 귀를 기울려 자연의 소리를 듣고 자연과 대화하고 자연과 소통하여야 한다. 실개천이 외로워서 폭포가 된다는 화자의 언어디자인은 참으로 눈물겹고 감동적이다. 시를 쓰는 것은 영혼의 언어를 쓰는 것이고 생명의 언어를 쓰는 것이다.

가끔씩 그대 마음 흔들릴 때는/ 한 그루 나무를 보라/ 바람 부는 날에는 / 바람 부는 쪽으로 흔들리나니/ 온 세상을 뒤집는 바람에도 /흔들리지 않는 뿌리/ 깊은 밤에도 소망은 하늘로 가지를 뻗어 달빛을 건지리라// 생략,

이외수의 「가끔씩 그대 마음 흔들릴 때는」

'생각하는 나무' 를 통하여 화자는 자연의 신비함과 오묘함, 그리고 순리를 알고 자신의 작음과 겸손과 나약함을 깨닫는다. 이제 더욱 막중하게 주어지는 업무와 주변 환경 속에서 더욱 더 침착하게 느림의 철학으로 문학의 세계와 함께 자아회복과 주변 사물에 대한 지혜롭고 양심적인 응시가 요구된다.

이외수의 '가끔씩 그대 마음 흔들릴 때는' 에서 "온 세상을 뒤집는 바람에도 흔들리는 않는 뿌리" 가 되라는 요구처럼 불의와 범법자에 대한 응징에서는 경찰관으로 공정하고 내정하며 투명한 법집행을 하여야 할 것이다.

앞으로 시적 정의와 시적 이상으로 절망 속에서 희망을 꽃피우며 더불어 살아가는 대한 경찰의 고위공직자로 좋은 시를 쓰고 좋은 시를 낭송하는 문학의 전령사가 되고 문학의 파수꾼이 되기를 희망한다.

세종경찰서가 새로 시작함과 더불어 출간되는 심은석 시인의 첫 시집 《햇살같은 경찰의 꿈》이 세상에 나옴을 축하하며 무궁한 건승을 기원한다.

햇살같은 경찰의 꿈

초판 인쇄 2012년 6월 25일
초판 발행 2012년 7월 01일

지은이 심은석
펴낸이 임수홍
편집디자인 맹신형
표지디자인 김영미
발행처 : 도서출판 국보
주소 : 서울시 강동구 길동 395-3 2층
전화 : (02) 476-2757~8, 7260
FAX : (02) 476-2759
카페 : http://cafe.daum.net/lsh19577
E-mail : kbmh22@hanmail.net

값 10,000원

ISBN 978-89-93533-33-0 03800